EMS EDUTAINMENT

Wordfinds

Collection 1

By

James O. Rucks, Jr., M.Ed., EMT-P

For permission, contact
EdutainmentbyJORj@gmail.com

ISBN: 978-1-257-11942-4

What is Edutainment?

While studying to be a high school physics teacher, I was taught that the three keys to successful teaching were motivation, motivation, and motivation—the students had to WANT to learn. This is easy to say, but very often hard to accomplish. During my six years of college, I learned about a wide variety of teaching techniques, educational philosophies and learning styles. Why? To engage the students, and motivate them to learn. Some things worked…some things didn't.

After I had been teaching for a while, I noticed that the best techniques were those in which the students didn't realize they were learning. Whenever I had them "play" in the classroom, learning seemed to occur. I started to create lab activities that were "fun" for the students to do. Instead of fill-in-the-blank review sheets, I gave them crossword puzzles. Instead of a spelling list, they'd do a word-find puzzle. Instead of assigning them a worksheet, I would challenge them to figure out a Jumble or a Cryptogram. They were *motivated* to solve the puzzles, and in the process, they learned. And so for me, the concept of Edutainment was born: educating while entertaining.

So what is this book all about? Well, it's NOT meant to teach—no one will be able to pass an EMT exam by completing the puzzles in this book. (As a matter of fact, if you're in an EMS class, and your instructor, textbook or protocols state something different from what's in this book, definitely go with what they tell you!) This book is intended to reinforce what a new EMT student is learning in class, allow a refresher student to review material before taking a recertification exam, or just give an EMS provider that just enjoys doing word puzzles something to do during a long, slow shift.

We'd very much like to know what you, a fellow EMS professional, think of this book. If you have any thoughts or ideas on how we could improve future volumes, please feel free to e-mail us at…

EdutainmentbyJORj@gmail.com

We hope you enjoy these games, and look forward to hearing from you!

James O. Rucks, Jr., M.Ed., EMT-P

Other EMS Word Game Collections to look for from Edutainment by JORj

EMT-Basic

Volume 1: *EMS Preparatory*
Volume 2: *Anatomy & Physiology*
Volume 3: *Patient Assessment*
Volume 4: *Trauma Emergencies*
Volume 5: *Medical Emergencies*
Volume 6: *Special Considerations*

Medical Terminology

Medical Term Basics
Integumentary System
Nervous System
Cardiovascular System
Respiratory System
Digestive System
Genitourinary System
Endocrine System
Musculoskeletal System
Special Senses

ALS Trauma Care

Blunt Trauma
Penetrating Trauma
Bleeding & Shock
Soft Tissue Injuries
Burns
Musculoskeletal Injuries
Head, Face, & Spine Injuries
Chest Trauma
Abdominal Trauma

ALS Medical Care

Pulmonology
Cardiology
Neurology
Endocrinology
Gastroenterology
Environmental Emergencies
OB/GYN
Miscellaneous Medical Emergencies I
Miscellaneous Medical Emergencies II

ALS Special Considerations

Neonatology
Pediatrics
Geriatrics
Challenged Patients
Chronic Care Patients

Other Topics

P.A.R.* for the Course: Advanced Cardiac Life Support
P.A.R.* for the Course: Pediatric Advanced Life Support

*PAR stands for Preparation And Review

Diggin' Up Bones

```
K E O P M Q S W P X A T S D A L U B I F
J A I K L O U M Q S W P X A T S D E S V
T R P N M F I I K B O E L C I V A L C T
E B F P E G D Y H I M J U S K L O P H Q
D E E M E T A C A R P A L S N E R F I B
W T U T Z N R W S X C D E R F O B G U Y
T R A Q W S D C D E R F V M G T D H M M
K E O P E L V I S X A T A D S F V N L M
H V M J U I K L C P M N L W T X A T E D
R F V X G T Y H N U U U I K N U P M Q T
X C D I R I V B G B L H N M E U L K L O
Z A Q P S L A S R A T A T E M Y H N M J
M E W H F I Z I I W S X R D A R F V A G
U U K O U U U E W B F T Z A G W S X L D
N M N I E M T Z A Q U S X C I E R F L Z
R V U D L K E E W C F P H A L A N G E S
E S H F B C V R K O P D Q E I C F T T K
T U M O S C A P U L A J O B K M N C A M
S B E F N L E A E S V P I N C E D T P O
Q E E G U I O J M A T T E D T H U K B C
```

Edutainment by JORj

appendicular	ischium	pelvis	sternum
clavicle	ligaments	phalanges	tendons
femur	manubrium	pubis	tibia
fibula	metacarpals	radius	ulna
humerus	metatarsals	ribs	vertebrae
ilium	patella	scapula	xiphoid

It'S ALiMeNtary

O	K	N	I	J	U	H	B	R	E	V	I	L	R	D	X	E	S	Z	W
P	L	M	O	K	P	F	J	U	H	B	Y	G	T	B	C	R	D	X	E
S	D	U	O	D	E	N	U	M	K	N	I	C	O	L	O	N	G	T	F
L	I	P	X	A	R	S	D	N	F	V	P	L	C	O	K	L	M	S	U
G	O	Y	H	N	I	J	U	I	D	L	O	P	H	I	A	T	U	S	A
H	M	M	J	U	S	K	L	O	P	U	Q	L	Y	P	X	G	C	S	D
J	G	I	K	A	T	P	M	R	L	W	S	X	M	T	A	D	E	F	V
O	I	N	L	J	A	H	B	Y	E	T	F	C	E	H	X	E	C	Z	W
E	S	I	P	L	L	O	K	N	I	D	U	H	P	Y	G	T	F	N	R
W	V	X	A	T	S	D	E	F	V	P	D	O	O	K	N	I	J	O	H
A	M	Q	N	O	I	T	A	C	I	T	S	A	M	P	L	M	O	I	N
U	I	K	L	O	S	M	Q	L	W	E	X	A	L	S	D	E	F	T	P
T	Y	H	N	P	J	T	I	K	L	O	P	M	Q	B	W	P	X	I	T
E	R	F	V	Y	G	T	O	H	N	R	J	U	I	K	L	O	P	T	Q
A	H	W	I	L	E	U	M	M	F	V	E	G	T	Y	H	L	M	U	U
W	T	F	T	O	A	Q	W	S	A	C	D	C	R	F	V	B	A	L	Y
O	U	D	Q	R	W	C	F	T	Z	C	Q	W	T	X	C	D	E	G	F
T	O	N	G	U	E	U	T	E	E	T	H	E	M	U	N	U	J	E	J
L	M	M	N	S	E	D	T	H	U	K	O	P	D	Q	M	W	C	D	T
V	U	O	L	K	M	N	C	E	D	A	N	U	S	O	P	D	Q	E	W

Edutainment by JORj

anus	duodenum	jejunum	rectum
bolus	esophagus	liver	saliva
cecum	fundus	mastication	sigmoid
chyme	gall bladder	mouth	stomach
colon	hiatus	peristalsis	teeth
deglutition	ileum	pylorus	tongue

Take Your Positions

Q	A	S	H	F	B	C	V	U	O	L	K	M	N	C	E	D	T	H	U
W	S	X	N	R	O	I	R	E	F	N	I	N	E	E	L	K	M	R	C
I	K	L	I	I	O	O	M	A	T	S	L	N	T	H	X	C	D	O	R
X	S	B	W	S	I	A	H	Q	L	W	O	A	F	V	F	A	Q	I	S
D	U	C	E	R	E	C	T	J	K	R	M	A	M	Q	L	E	W	R	D
Q	P	A	E	B	M	M	O	H	P	A	W	E	P	I	E	E	K	E	K
Y	I	T	A	F	W	S	A	G	A	R	S	E	H	U	X	N	C	T	U
A	N	A	T	O	M	I	C	A	L	P	O	S	I	T	I	O	N	S	B
A	A	Z	C	S	X	F	E	G	H	U	J	N	E	D	O	R	R	O	P
H	T	U	L	D	R	E	P	G	S	A	K	N	A	A	N	W	S	P	A
U	I	Z	A	L	E	T	H	S	G	X	S	M	X	T	J	W	G	H	L
R	O	L	S	P	Z	D	A	R	O	I	U	M	V	J	I	G	W	A	H
K	N	A	R	S	M	K	L	Q	O	T	M	X	N	R	G	O	D	G	I
H	O	T	O	E	C	I	A	N	K	T	B	P	O	G	Y	U	N	H	L
T	G	S	D	L	P	C	D	D	V	M	A	I	G	N	A	Q	J	E	A
J	X	I	Z	H	E	X	C	L	Q	D	R	T	J	C	N	L	N	J	R
R	A	D	I	Z	D	N	Y	C	I	E	Y	B	I	M	R	I	R	K	T
L	A	T	E	R	A	L	K	Y	P	N	N	D	P	O	P	Y	K	R	N
C	S	N	S	F	L	L	B	U	Y	C	E	G	Z	U	N	K	Q	U	E
P	M	Y	N	Y	F	O	S	H	M	V	C	T	S	R	M	D	Y	A	V

Edutainment by JORj

anatomical position	dorsal	medial	proximal
anterior	erect	midline	rotation
axis	extension	pedal	superior
caudal	flexion	posterior	supination
cephalad	inferior	pronation	supine
distal	lateral	prone	ventral

THINK ABOUT IT

K	E	P	D	Q	E	W	S	Y	N	A	P	S	E	S	X	C	D	E	R
E	D	A	H	U	D	O	P	M	Q	E	A	C	F	T	Z	A	T	H	S
F	E	U	R	L	K	I	N	M	E	D	R	H	U	K	O	P	N	T	E
X	N	F	B	S	V	U	E	E	K	T	A	C	E	D	T	H	E	A	H
T	D	I	U	L	F	L	A	N	I	P	S	L	A	R	B	E	R	E	C
M	R	C	E	D	T	H	U	I	C	F	Y	N	V	U	O	L	E	H	U
O	I	K	E	N	C	T	D	N	P	E	M	R	I	H	F	B	F	S	O
C	T	U	N	L	K	N	N	G	B	C	P	U	O	A	K	M	F	N	T
S	E	R	I	H	F	E	Y	E	S	U	A	H	N	Q	R	S	E	I	I
O	S	S	L	N	L	R	A	S	K	S	T	C	A	D	T	B	U	L	N
M	O	T	O	R	I	E	J	S	Y	X	H	R	V	L	S	N	D	E	T
A	O	U	H	F	V	F	S	M	I	O	E	Y	G	U	O	D	Z	Y	E
Y	H	K	C	N	A	F	P	Z	S	H	T	B	Y	X	G	N	M	M	R
O	K	N	L	A	S	A	A	J	E	B	I	X	A	M	T	G	V	L	N
K	U	H	Y	U	T	Y	P	O	N	P	C	G	W	B	N	S	C	M	E
I	L	A	T	H	N	L	Y	A	S	N	O	R	U	E	N	C	Q	O	U
U	A	M	E	D	U	L	L	A	O	B	L	O	N	G	A	T	A	D	R
A	T	T	C	T	Q	E	Z	B	R	Z	M	O	T	N	V	Q	B	Y	O
X	I	F	A	E	D	M	O	Q	Y	M	G	V	N	W	C	T	O	B	N
C	F	X	E	V	M	S	B	H	Y	P	O	T	H	A	L	A	M	U	S

Edutainment by JORj

acetylcholine	diencephalon	medulla oblongata	sensory
afferent	ears	meninges	smell
axon	efferent	motor	soma
brain stem	eyes	myelin sheath	sympathetic
cerebrospinal fluid	hypothalamus	neurons	synapse
dendrites	interneurons	parasympathetic	touch

First Impressions

B	M	A	F	W	S	A	A	P	Q	L	W	E	R	F	V	B	G	P	N
R	K	C	I	R	C	U	L	A	T	I	O	N	A	A	S	W	M	C	F
E	R	G	M	V	B	M	M	L	H	M	A	W	E	P	C	T	H	I	J
A	K	L	P	A	F	W	S	P	G	A	W	B	E	H	E	K	Z	L	S
T	O	O	R	G	Q	E	E	A	C	L	M	L	F	M	N	O	A	O	W
H	H	D	E	P	T	H	M	T	A	G	H	E	P	L	E	M	G	T	F
I	U	I	S	T	M	A	W	E	P	D	Z	E	S	B	S	V	B	S	V
N	M	M	S	P	A	W	S	E	H	Y	R	D	G	L	A	P	I	A	S
G	U	J	I	K	L	T	A	F	V	A	M	I	N	K	F	I	T	I	E
C	S	I	O	B	G	H	L	J	T	P	I	N	U	Y	E	A	U	D	V
H	T	G	N	E	R	T	S	U	J	O	U	G	J	M	T	Z	I	B	O
S	L	E	T	S	S	G	R	J	C	X	K	S	L	P	Y	T	B	O	L
Q	Y	T	O	G	P	E	R	U	S	S	E	R	P	D	O	O	L	B	G
I	J	S	H	X	B	E	G	M	X	A	U	Q	P	R	S	Q	H	J	U
L	Q	O	T	W	N	Y	C	A	U	J	V	A	A	U	C	U	Q	E	K
J	C	Q	R	O	A	L	M	T	I	W	E	C	X	I	L	Z	C	C	S
S	T	D	Q	W	L	M	A	S	K	X	A	T	L	U	I	S	R	T	D
K	P	C	R	A	D	I	A	L	Z	K	M	E	A	N	X	L	E	I	C
I	O	I	B	Q	M	A	C	G	S	V	K	V	F	R	N	R	L	V	T
N	A	P	D	M	Q	E	W	B	V	P	M	S	I	N	A	H	C	E	M

Edutainment by JORj

airway	circulation	mean	rate
auscultate	depth	mechanism	scene safety
bleeding	diastolic	objective	skin
blood pressure	gloves	palpate	strength
breathing	impression	pulse	systolic
carotid	inspect	radial	temperature

OUCH!

S L A B R A S I O N S T A B I L I T Y Q
H R A Z N H V N P G Y F Z B V H W N T J
E I Y C A O V U Y E S X W A U V D Z K Z
M U H Y E V K Y L E N B C P H R I T J P
O F U A C R H D I S T E N T I O N I V T
R R I U O R A T U W I Z T V A T Y S G E
R A A M M D I T I T S O S R D M O G L N
H C V I P M J I I F T C N U A W G K P D
A T M V R C O U H O G N X D B T M P H E
G U F O E J R O F H N Y E S I B I E P R
E R F K S L N N N Q C S T E N Z M O U N
E E X F S X O P E N H N D K S A A B N E
D V J T M I I N M P A V D P T D F E C S
W A B M S W T K X R Y Q L O A C L O T S
D P M I Q F A R D X F D M T B G E Q U A
C E C B T Q T A P M X A T O I P X M R E
J N S Y F T U Y I Z D F O S L Z C R E Q
I I V O U Q P H V S W E L L I N G N S Y
D O E V L Z M V S N O I S U T N O C O V
D I S L O C A T I O N X F R Y H Y D V K

Edutainment by JORj

abrasions	contusions	hematoma	penetrations
amputation	deformities	hemorrhage	punctures
avulsion	dislocation	incision	quadrants
burns	distention	instability	stability
closed	flex	lacerations	swelling
compress	fracture	open	tenderness

"A" is For Apple, and...

A	B	R	A	S	I	O	N	S	H	O	V	C	T	E	W	M	A	Q	A
U	A	W	F	N	O	B	Z	N	Z	H	Q	J	C	Y	I	A	B	D	T
F	B	D	T	R	I	U	F	L	A	N	E	R	D	A	A	O	D	T	A
X	A	C	E	T	Y	L	C	H	O	L	I	N	E	A	V	U	U	C	L
Q	N	T	R	N	B	V	L	S	F	S	H	M	A	C	C	C	C	F	P
A	D	U	L	T	O	N	S	E	T	F	S	A	U	T	B	E	T	Z	H
N	O	S	O	T	E	S	S	I	A	J	L	S	I	B	L	X	I	C	A
V	N	K	A	B	N	Z	I	C	W	A	W	O	E	E	L	N	O	M	C
M	M	X	D	G	Q	E	U	N	A	Z	N	W	R	O	U	A	N	V	E
Z	E	H	L	A	U	T	C	A	E	N	R	A	L	E	L	V	F	X	L
A	N	R	B	W	E	Q	A	W	C	Y	T	I	D	L	T	E	N	P	L
Y	T	M	S	O	T	A	P	G	L	I	D	L	E	H	I	U	B	S	S
A	S	K	I	A	Y	L	Y	R	O	L	D	R	H	Q	L	F	B	E	N
B	L	Z	S	Q	J	A	C	N	R	E	G	R	O	S	O	T	E	L	Q
T	G	S	O	K	W	F	Y	Y	G	I	F	C	E	D	E	E	S	Z	A
W	B	V	D	R	A	M	O	U	E	B	Y	G	T	F	V	R	D	X	C
E	V	B	I	U	F	C	S	S	I	S	O	L	Y	K	L	A	G	T	I
N	T	A	C	A	B	D	O	M	E	N	P	L	M	O	A	U	I	J	D
J	Y	P	A	X	W	A	R	I	K	L	O	P	M	Q	L	W	X	X	S
A	E	R	U	B	C	P	T	N	E	R	E	F	F	A	X	A	T	S	D

Edutainment by JORj

abandonment	acid reflux	adenosine	albumin
abdomen	acidosis	adrenal	albuterol
abduction	acids	adult-onset	alkylosis
abrasions	actual	afferent	allergies
acceleration	acute	afterload	alpha cells
acetylcholine	adduction	airway	alveoli

"C" You Later, Alligator

```
F Y E S U O N I G A L I T R A C N C I C
P E C E R E B R U M S A T C Q A A T G A
D P C C C A L C I U M C H L O R I D E R
N W D E Y N P R F C J S A U B D W I S D
O S C R R M O W I F A J C O L I X R S I
I D A E B E S I M Z U U N A R O I U E O
T C R B H U B I T G W D D H Y V V F I G
A E B E C H L R L A I T D A A A Z N R E
T N O L A P D L O O C N E Q L S F K A N
I T H L R X O G X S B I P E Z C Y J L I
V R Y U O W G I H Y P A F L E U K A L C
A A D M T G D C L K T I T I I L N X I S
C L R Y I E H A C N K U N A T A U Y P H
B C A R D I O L O G Y K Q A C R H A A O
A A T F G H Y L D C V B N M L I E P C C
S N E A Q L M U C E C D C V B F M C I K
C A S X L S Z S A Q T C E P H A L A D B
H L Y E T F C A R D I A C O U T P U T H
T S C E F V P L M O K N I J U H B Y I T
E C A R D I A C A R R E S T Y G T F C D
```

Edutainment by JORj

calcium chloride	cardiac arrest	cartilaginous	central canal
callus	cardiac output	catabolism	cephalad
canal	cardiogenic shock	caudal	cerebellum
capillaries	cardiology	cavitation	cerebrospinal fluid
carbohydrates	cardiovascular	cecum	cerebrum
carbon dioxide	carotid	cell	certification

Mechanism of Injury

P	L	M	O	K	N	I	J	U	H	B	Y	G	S	F	C	R	D	X	A
A	Q	K	R	O	W	Y	R	D	P	V	B	E	M	T	I	O	P	L	M
D	K	I	S	Z	W	A	Q	T	F	E	C	Y	R	D	N	V	B	N	U
B	E	N	T	R	A	N	C	E	E	O	N	W	A	U	T	U	G	H	A
I	J	E	I	B	Y	G	T	C	N	R	D	E	G	S	Z	W	L	Q	R
L	M	T	K	N	I	J	U	D	A	Y	G	T	T	C	R	D	X	B	T
S	D	I	F	H	P	L	A	O	K	V	O	J	N	R	B	M	A	S	S
L	E	C	X	A	A	R	D	E	F	H	I	O	M	O	A	N	I	J	U
I	X	L	O	P	Y	N	L	W	S	X	I	T	S	D	E	T	V	P	L
H	I	M	J	U	I	K	D	O	P	T	Q	L	A	P	X	E	I	S	D
P	T	G	T	Y	B	N	M	G	A	I	I	L	O	T	M	C	L	N	P
P	O	K	S	E	U	G	S	R	U	K	B	P	N	Y	I	R	Z	I	G
L	D	T	L	P	L	L	E	S	A	N	R	H	P	K	N	O	F	P	N
R	F	F	E	G	L	L	H	N	M	I	U	I	R	L	O	F	N	Q	I
C	I	E	W	N	E	T	Z	A	Q	V	S	X	I	D	I	R	F	V	O
R	O	P	D	C	T	W	Y	G	R	E	N	E	M	S	X	N	D	E	O
E	D	T	C	U	K	I	P	D	Q	S	W	C	A	T	Z	A	G	W	T
O	L	A	M	N	C	E	A	T	H	U	K	O	R	D	Q	E	W	C	T
T	I	U	Y	T	I	C	O	L	E	V	B	C	Y	U	O	L	K	M	A
W	P	N	Q	R	S	I	N	E	R	T	I	A	L	K	M	N	C	E	T

Edutainment by JORj

acceleration	exit	mass	shotgun
blunt	force	penetrating	stippling
bullet	handgun	potential	tattooing
cavitation	inertia	primary	trauma
energy	kinetic	rifle	velocity
entrance	knives	secondary	work

Blood IS Thicker Than Water

Q W E F T L S M Q E O S I N O P H I L V
L I P I D S V N Y G L F C R D R E S E C
V I T S E S N D O I J H H B Y O E F U A
I P F L C K U I H I P E M O N T T J K R
U E Y G Y X E P L S T M F O P E Y O O B
O E R N Y M O L L U P A I T S I C F C O
R T Q Y E R P W E L B T L Q L N O X Y N
Z Y N H T G K H H C A O U U K L B P T D
F C D U G H O Z O T T C L T G H M M E I
P O E L R G R N R C C R E G F E O G T O
W N X A T S P O I Z Y I O S X C R E R X
M O L W P L P T C R K T H L F H H C O I
I M T O A S Q L T Y B T E Z Y D T Y S D
Y H N S N U I K O F T I A Q D T X C L E
Z A M A S X C X Q E W E F T O A E W A X
C A R B O H Y D R A T E S Q O W C S R Z
P T Q R S G F B N C E D T H L K O P E Q
R S H F E C V U O L K M A L B U M I N K
Q E W N F T Z H E M O G L O B I N V I G
Y F H S A L T S C V A D T I W F L M M F

Edutainment by JORj

albumin	erythrocyte	lipids	plasma
blood	fibrinogen	lymphocyte	protein
carbohydrates	globulins	minerals	regulation
carbon dioxide	hematocrit	monocyte	salts
electrolytes	hemoglobin	neutrophil	thrombocyte
eosinophil	leukocyte	oxygen	transportation

"P" is For Puzzle, and...

P	D	C	V	B	P	M	K	I	O	P	L	Q	W	E	D	S	P	S	X
F	A	P	A	R	A	C	R	I	N	E	K	I	L	P	L	Q	E	I	D
Z	W	N	Q	T	S	G	H	Y	R	N	C	V	A	N	M	K	D	S	P
C	Y	Y	C	E	T	Z	W	A	O	T	F	T	D	P	R	D	I	L	B
H	R	G	G	R	M	C	R	I	X	E	C	Z	E	A	Q	T	A	A	H
M	A	O	P	I	E	U	T	B	Y	H	T	R	P	R	P	N	T	T	Z
P	L	L	A	L	D	A	K	P	I	J	M	H	B	Y	A	T	R	S	R
A	L	O	T	D	I	F	T	P	E	E	O	K	P	C	P	M	I	I	Y
L	I	H	E	L	C	W	P	I	A	R	S	D	G	E	U	P	C	R	O
P	P	T	L	O	A	M	Q	B	C	P	I	N	T	I	L	E	S	E	P
A	A	A	L	I	L	L	I	P	M	I	I	O	D	X	E	V	S	P	E
T	P	P	A	T	H	L	N	M	J	T	S	R	S	O	P	M	I	L	W
E	A	D	E	R	I	V	B	G	A	Y	A	L	M	T	U	I	K	S	O
W	N	F	T	T	S	Q	W	R	X	C	D	E	E	F	E	B	G	T	Y
P	C	Q	Y	W	T	F	O	Z	I	Q	W	S	X	T	D	U	R	P	V
K	R	N	C	E	O	F	H	R	K	O	P	D	Q	E	W	C	M	A	Z
C	E	D	P	A	R	I	E	T	A	L	E	W	C	F	T	Z	A	L	W
O	A	K	M	E	Y	P	E	N	E	T	R	A	T	I	N	G	W	E	F
D	S	H	P	A	R	A	S	Y	M	P	A	T	H	E	T	I	C	S	X
P	E	N	E	T	R	A	T	I	O	N	S	H	U	K	O	P	D	Q	E

Edutainment by JORj

pale	papule	patella	penetrations
palliation	paracrine	pathology	perforating canal
palpate	parasympathetic	pedal	pericardium
pancreas	parietal	pediatrics	periosteum
pancreatic islet	past medical history	pelvis	peristalsis
papillary	patch	penetrating	permeability

Can You Keep A Secretion?

O K N I J U H N Y G T E N I R C O D N E
P L M Y E N D I K H A Y G T F C R I X E
S D E F V P L L O K N U J U H B S G T F
L W G X A T S U E F V P T M O S N I J H
G T O H N E J S I E L O P O E L W P Y O
H N N J U I P N O P N Q L R C X A P S R
H E A R T O P I Q L W I P A T R O E F M
O K D I J U H B N G T O R R D T I S S O
E F S P N M O O N E S U H C H G T N T N
W P X A T O I E F A P L M A O N I J E E
E M Q L W T G A V A D H L V P X M O R S
L P K L E P M A N W P A R P S D E T O P
C Y A R M J U C C L M P M I L W P H I A
I R C R B G R Y H U M J U N N L O Y D Q
T E W S A E D E S F L B G E Y E N R S U
S C F T A C Q W S X C G L A N D E O T Y
E P D S E W R F T Z A Q W L X N D I R F
T C E P I T U I T A R Y E W A F T D A Q
L O V A R Y D T N U K O P L Q E W C F T
V U O L K M N C E E T H T H Y M U S E W

Edutainment by JORj

adrenal	glucagon	kidney	secretion
autocrine	gonads	ovary	steroids
endocrine	heart	pancreas	testicle
epinephrine	hormones	paracrine	thymus
exocrine	hypothalamus	pineal	thyroid
gland	insulin	pituitary	vasopressin

Word Find-ology

K	L	O	P	M	C	A	R	D	I	O	L	O	G	Y	F	Y	P	H	M
J	U	I	K	L	O	D	M	Q	Y	M	P	X	G	T	G	M	E	E	V
Y	Y	H	Y	M	J	U	E	G	L	O	M	O	Q	O	W	O	X	M	T
G	R	F	V	G	G	H	O	R	N	M	L	U	L	K	L	T	P	A	Q
O	A	E	W	C	O	L	I	A	M	O	S	O	N	D	E	A	F	T	B
L	C	S	T	Z	O	L	W	S	N	A	R	E	R	O	V	N	G	O	Y
O	Z	A	T	C	S	X	O	I	T	U	T	Y	B	O	L	A	H	L	N
T	P	O	E	R	Q	L	R	N	E	O	G	O	B	E	F	O	G	O	E
Y	S	N	J	U	O	C	L	N	O	O	L	S	L	P	X	E	G	G	O
C	Y	V	B	G	O	E	H	N	L	M	T	O	K	O	R	P	M	Y	N
G	C	D	E	D	F	V	N	O	T	E	L	N	G	O	G	I	K	P	A
Z	H	Q	N	S	X	C	T	T	T	F	V	U	N	Y	Y	Y	N	E	T
Q	O	E	C	F	T	A	A	R	E	S	X	T	P	E	R	F	V	D	O
H	L	K	O	P	M	Q	I	W	U	R	O	L	O	G	Y	S	X	I	L
K	O	N	C	U	D	C	Z	A	Q	L	O	X	C	D	E	R	F	A	O
C	G	U	E	L	S	M	E	W	O	F	T	L	A	Q	W	S	X	T	G
R	Y	H	F	B	C	V	U	G	O	P	D	P	O	D	I	A	T	R	Y
H	R	M	O	Z	Q	V	Y	G	O	L	O	I	B	G	M	N	C	I	M
P	A	T	H	O	L	O	G	Y	G	O	L	O	I	S	Y	H	P	C	O
O	R	T	H	O	P	E	D	I	C	S	S	E	D	T	H	U	K	S	C

Edutainment by JORj

anatomy	gastroenterology	neonatology	physiology
biology	gerontology	neurology	podiatry
cardiology	gynecology	obstetrics	psychology
cytology	hematology	orthopedics	pulmonology
dermatology	histology	pathology	rheumatology
endocrinology	immunology	pediatrics	urology

Law & Order

Q	R	S	H	F	B	C	V	U	O	L	E	T	H	I	C	S	T	H	U
A	C	T	U	A	L	A	E	F	V	P	M	N	N	E	O	K	M	P	P
I	K	N	U	I	O	J	M	A	T	S	E	O	T	H	N	C	M	R	R
T	N	E	M	T	A	E	R	T	L	W	I	R	F	V	T	A	O	O	S
R	Z	M	O	L	O	O	E	J	K	T	M	A	A	Q	R	X	R	F	F
A	D	N	V	B	M	E	C	N	A	S	A	E	F	S	I	M	A	E	K
N	C	O	A	F	J	S	A	C	A	W	S	E	H	M	B	N	L	S	U
S	E	D	H	U	J	E	I	L	D	A	F	V	A	A	U	I	S	S	B
P	R	N	O	S	X	N	C	E	D	U	J	T	P	L	T	M	F	I	P
O	T	A	C	C	U	E	M	T	S	L	E	J	O	F	O	P	S	O	A
R	I	B	D	M	U	R	E	S	I	C	J	M	X	E	R	L	G	N	U
T	F	A	M	P	O	M	V	C	A	V	U	T	V	A	Y	I	W	A	H
K	I	O	P	F	H	T	E	U	N	T	E	X	R	S	G	E	I	L	I
H	C	U	N	C	N	Y	S	N	K	E	B	P	U	A	Y	D	L	I	Z
T	A	I	W	E	X	E	W	D	T	M	G	N	G	N	N	Q	J	S	E
J	T	P	S	H	R	X	C	B	Q	A	T	I	J	C	N	S	H	M	G
R	I	N	I	Z	K	N	Y	C	U	K	T	B	L	E	R	I	F	K	A
S	O	V	F	K	E	R	U	S	N	E	C	I	L	G	L	Y	K	E	I
C	N	N	D	U	T	Y	T	O	A	C	T	G	O	D	E	K	Q	U	R
P	M	Y	N	Y	F	E	C	N	A	S	A	E	F	N	O	N	Y	A	T

Edutainment by JORj

abandonment	documentation	malfeasance	professionalism
actual	duty to act	misfeasance	proximate cause
certification	ethics	morals	transfer
communication	implied	negligence	transport
consent	informed	nonfeasance	treatment
contributory	licensure	objective	triage

Itty-Bitty Living Space

```
E T P I N O C Y T O S I S O S A N A O Q
U N B Z N H Y N T G Y F S J P H U N T J
G E D G A C E L L P C M W O H T D M K Z
R I H O D V K Y E I O B P P O Y I I J P
Z D U L P K C Q L S F T L L S D F C V G
F A I G C L Z I I W O Z Y V P T F R G V
Y R A I U D A S B S S S S H H M U O L X
R G V A P U J S I O I C A U O W S V P E
I A M P K N O S M S H G X D L C I I I A
B H F P I U R O F I O P E R I B O L E I
O W J A S C D R N C C L O L P Z N L Y R
S M X R S L C Z Y N H R I R I P A I X D
O V J A E E Y T M P C H E P D D Q V Y N
M L B T L U O K X C P Q L T B Y N A E O
E O M U C S W R C O F D S T I G H C M H
S S A S I Q N C R M X L T O L C D U Q C
J O O S S T C D I Z D F O S A Z U O A O
Y T V A E L Y S O S O M E S Y B Z L H T
D Y E V V H K M E M B R A N E Y P E U I
L C Z F A K S E L L E N A G R O Y S V M
```

Edutainment by JORj

apoptosis	endoplasmic reticulum	membrane	phagocytosis
autolysis	golgi apparatus	microvilli	phospholipid bilayer
cell	gradient	mitochondria	pinocytosis
cilia	hydrophilic	nucleus	ribosomes
cytosol	hydrophobic	organelles	vacuoles
diffusion	lysosomes	osmosis	vesicles

The Heart of the Matter

G	T	A	Y	I	W	F	N	X	H	V	E	I	N	E	W	M	A	Q	Y
U	B	R	E	T	U	P	T	U	O	C	A	I	D	R	A	C	A	D	T
F	V	T	X	R	B	U	F	Z	P	S	G	Z	K	E	A	O	U	A	P
X	A	E	R	E	U	R	T	F	T	G	M	Q	R	A	R	N	I	Y	F
Q	S	R	N	T	B	V	A	R	A	U	H	U	A	T	C	T	X	T	X
T	C	Y	T	A	V	S	E	D	I	I	S	A	A	T	I	R	C	I	W
P	U	S	G	R	C	N	S	D	Y	S	D	S	W	T	H	A	M	C	D
E	L	N	V	B	G	A	R	E	E	C	W	E	N	L	E	C	V	I	C
R	A	X	I	T	Q	A	V	R	N	Z	A	E	M	O	U	T	D	T	M
I	R	H	H	C	C	M	P	A	J	D	V	R	L	A	D	I	F	A	E
C	R	R	B	O	A	D	A	W	F	D	O	I	D	P	C	L	N	M	S
A	E	M	Y	O	O	I	P	G	A	T	D	C	S	I	P	I	B	O	R
R	S	M	X	O	Y	L	N	A	D	L	E	Y	A	Q	A	T	N	T	H
D	I	Z	L	Q	J	W	C	T	R	E	L	R	O	R	F	Y	E	U	Y
I	S	B	V	K	V	I	Y	Y	I	T	F	C	L	D	D	E	S	A	T
U	T	V	P	O	N	M	O	U	H	M	Y	G	T	O	C	I	D	X	H
M	A	B	Q	U	F	P	R	E	L	O	A	D	U	H	A	Y	U	T	M
N	N	S	T	R	O	K	E	V	O	L	U	M	E	O	K	D	I	M	U
J	C	A	P	I	L	L	A	R	I	E	S	P	M	Q	L	W	P	X	A
Y	E	R	U	B	C	P	H	O	A	I	D	R	A	C	Y	H	C	A	T

Edutainment by JORj

afterload	capillaries	preload	tunica adventitia
aorta	cardiac output	rate	tunica intima
artery	contractility	rhythm	tunica media
automaticity	endocardium	strength	vascular resistance
blood pressure	myocardium	stroke volume	vein
bradycardia	pericardium	tachycardia	vena cava

Keep It Movin'

F	Y	E	S	J	P	M	V	E	S	G	V	H	X	E	A	S	R	U	B
P	E	W	E	Q	E	B	N	R	E	S	N	O	I	T	C	U	D	B	A
D	P	S	V	P	R	O	T	A	T	I	O	N	D	X	P	L	P	T	L
R	W	E	G	N	I	H	R	F	W	J	S	A	C	L	L	W	I	S	L
E	S	L	D	L	O	P	W	D	F	V	N	O	I	T	C	U	D	D	A
N	D	D	X	B	S	R	H	M	I	U	E	G	R	R	X	I	I	F	N
S	I	D	W	H	T	U	K	Y	G	O	A	S	C	Y	I	V	A	K	D
W	M	A	B	X	E	L	O	G	S	M	L	D	U	A	L	Z	P	W	S
C	V	S	G	W	U	D	L	N	E	I	N	Y	M	H	A	F	H	J	O
V	G	B	O	R	M	O	G	N	I	Y	S	E	D	Z	I	Y	Y	N	C
G	L	C	R	O	O	G	T	N	Y	G	T	Z	U	N	V	K	S	E	K
M	I	Y	C	R	G	W	O	L	K	A	A	F	C	I	O	A	I	P	E
Z	D	I	Y	C	I	I	T	C	P	K	U	L	T	K	N	C	S	H	T
B	I	G	F	Z	S	Z	H	H	L	D	K	Q	I	J	Y	H	A	R	N
N	N	T	L	N	H	Y	Y	D	P	V	B	N	O	T	S	O	P	L	Q
O	G	W	E	Q	T	S	G	H	Y	L	D	C	N	B	R	M	K	I	O
D	R	T	X	F	I	B	R	O	U	S	A	G	H	Y	R	A	C	V	B
N	X	Y	I	S	F	C	R	D	X	E	S	T	W	A	Q	T	C	G	H
E	S	D	O	F	V	J	O	I	N	T	N	I	E	U	H	B	Y	G	T
T	F	V	N	L	M	O	K	N	I	J	U	H	T	O	V	I	P	C	R

Edutainment by JORj

abduction	condyloid	gliding	periosteum
adduction	diaphysis	growth plate	pivot
ball and socket	epiphysis	hinge	rotation
bursae	extension	joint	saddle
cartilaginous	fibrous	ligament	synovial
circumduction	flexion	metaphysis	tendon

"G" WHiZZ

F	V	B	G	L	U	C	O	S	E	I	O	T	N	A	L	G	E	R	T
X	C	G	E	I	R	A	E	V	I	N	O	G	A	C	U	L	G	N	G
G	G	A	S	T	R	O	E	N	T	E	R	O	L	O	G	Y	L	U	E
C	O	L	T	A	U	P	I	H	D	Y	P	L	S	E	L	C	O	L	R
G	N	L	H	U	E	G	I	O	G	N	A	L	N	E	I	O	B	Q	D
D	A	B	G	A	E	V	L	O	Q	U	E	I	I	S	D	L	U	L	V
Z	D	L	W	I	B	G	L	Y	I	R	T	E	I	S	I	Y	L	E	S
P	S	A	G	G	A	O	Y	N	C	A	I	S	P	E	N	S	I	R	G
D	T	D	U	R	T	P	I	N	L	O	Y	A	E	V	G	I	N	E	A
K	L	D	P	N	O	L	P	I	E	L	G	S	D	O	F	S	S	C	M
G	N	E	O	U	I	W	A	A	O	C	Q	E	G	L	X	A	T	L	D
R	R	R	B	G	T	Y	T	N	R	J	O	R	N	G	O	P	M	U	L
A	E	A	S	X	C	D	E	H	F	A	E	L	T	E	H	N	M	C	U
G	W	C	D	G	Z	G	Q	W	P	E	T	D	O	R	S	V	B	I	T
G	K	M	L	I	O	D	T	H	N	L	O	U	D	G	E	I	C	R	T
N	R	A	D	C	E	U	K	S	P	D	A	E	S	C	Y	T	S	T	Q
D	N	O	Y	K	O	N	T	Q	M	A	F	T	K	N	N	I	L	S	O
D	C	L	W	T	S	I	T	I	R	E	T	N	E	O	R	T	S	A	G
D	G	H	U	T	C	P	D	Q	M	A	F	W	K	N	N	I	L	G	O
G	T	Y	H	K	H	S	I	O	R	A	L	U	D	N	A	L	G	Q	U

Edutainment by JORj

gall bladder	gerontology	glucagon	gonads
gastric ulcer	gland	glucose	gradient
gastroenteritis	glandular	glycogenesis	greenstick
gastroenterology	gliding	glycogenolysis	growth
genitalia	globulins	glycolysis	growth plate
GERD	gloves	golgi apparatus	gynecology

My Heart Just Stopped

M	W	E	F	T	L	S	M	Q	A	S	Y	S	T	O	L	E	E	F	T
H	Y	P	E	R	K	A	L	E	M	I	A	H	R	A	A	E	S	E	W
H	Y	O	S	E	S	A	I	X	O	P	Y	H	I	Y	N	T	N	C	R
H	A	F	C	C	K	U	J	F	V	P	L	D	O	K	O	S	J	U	L
Y	I	S	G	A	X	D	B	T	O	D	R	F	V	P	I	M	O	K	A
P	D	H	U	Y	R	R	P	K	W	A	X	A	T	O	T	A	F	F	I
O	R	Q	C	L	R	D	A	K	C	O	P	M	N	S	C	P	X	I	R
T	A	N	N	S	O	L	I	Y	N	M	J	P	I	I	N	O	P	B	T
H	C	D	O	G	E	B	D	A	F	V	N	G	D	N	U	N	M	R	A
E	Y	C	S	M	R	A	M	S	L	E	D	O	R	U	J	B	A	I	L
R	H	P	I	T	R	A	E	E	U	I	S	W	S	S	C	D	M	L	K
M	C	A	O	B	X	A	L	M	Y	I	N	H	T	F	H	E	U	L	A
I	A	L	P	V	M	Q	O	U	S	R	T	F	Z	U	C	K	A	A	L
A	T	N	M	J	O	T	K	C	C	T	A	A	A	Y	S	X	R	T	O
Z	A	Q	W	S	H	L	D	Q	E	I	C	N	L	R	A	Q	T	I	S
W	S	X	C	O	E	R	E	U	K	O	R	G	O	E	C	C	F	O	I
O	V	E	R	D	O	S	E	M	C	E	O	T	H	M	K	T	P	N	S
E	D	A	N	O	P	M	A	T	I	P	P	D	N	E	L	C	I	T	Z
P	X	Q	R	S	H	F	B	N	Y	A	D	T	H	E	K	U	P	O	Q
R	S	H	F	B	A	I	M	H	T	Y	H	R	R	A	V	T	P	U	N

Edutainment by JORj

acidosis	fibrillation	hypoxia	sinus
alkalosis	hyperkalemia	junctional	tachycardia
arrhythmia	hypoglycemia	myocardial infarction	tamponade
asystole	hypokalemia	overdose	tension pneumothorax
atrial	hypothermia	poison	trauma
bradycardia	hypovolemia	pulmonary embolus	ventricular

Head'S Up!

P L M O K N I J U H B Y G T F C R D X E
A Q T F G H Y R D C V L A R O P M E T Q
D X T E N D O N S F G H Y R D E A B N M
L Y G T F C R D X E S Z W A N T N G H Y
A V E N T R I C L E S D X I S Z D A Q S
S M Z K N I J U E P Y G N F C I I X C S
A U E Y V P L M H R N G J U O B B A T F
N W T X G T S E E F E M L N O K L I J U
I K L U P O N L W S U B H S D P E V R L
H N P J R O M L O R M C E W P X A T O D
V B G I I E N A B U A K L L L M Q L S P
P Z K D A S S E T R R B A I L D J Z N U
A D N K P M R E A I O R G V K U S F E F
R F A B G E A H N M C A I K L R M M T L
I Q E L C F T T A Q M S X C D A R F X E
E O P D L E W C E E Z A Q W S M C D E X
T I B R O I O P N R B A S I L A R Q W O
A O P D Q E X T U P I C C O S T C D E R
L D T H U K S A D Q E W C F T E A Q W S
O L K M N C E D M E T S N I A R B W C F

Edutainment by JORj

arachnoid	extensor	nasal	sphenoid
basilar	flexor	occiput	sutures
brain stem	ligaments	orbit	temporal
cerebellum	mandible	parietal	tendons
cerebrum	maxilla	pia mater	ventricles
dura mater	meninges	scalp	zygomatic

Better Living Through Chemistry

J W F E V B T Q D T L Z N O G A C U L G
D M L X D A U V A L I U M F X A U C R Z
C E N I S O N E D A M E G Y L A E D D D
E Y X W D U P P N A W G X C M T I E U O
E N Y T K O D A S O G N I X A M V S C B
N I I L R E C P M G R U R N G F X R J U
I S X R L O I A G I M A O A N J K E L T
L S G P E R S G I C N B D H E X F V X A
O E K S I C G E H N R E A O S K E Z I M
H R D N P G Y L S A E R H V I C S F P I
C P V I G T O L C M J U I K U M P M M N
L O E R M R B I G Y H N M R M I A L E E
Y S W S I E B E R O V B O T S H T M T N
N A C D T M S Q W S R N D E U F R B O I
I V E N U E D O H U I T P D L E O C P H
C C E I T H X K R U D Q I W F F P Z R P
C T D U K Y P D M U A F W N A N I L O R
U O E D G H U K O P F Q E W T F N Z L O
S T H E E P I N E P H R I N E N E L O M
R F N B G T Y H N K A L B U T E R O L Q

Edutainment by JORj

adenosine	dextrose	lidocaine	sodium bicarbonate
albuterol	dobutamine	magnesium sulfate	succinylcholine
amiodarone	dopamine	metoprolol	valium
aspirin	epinephrine	morphine	vasopressin
atropine	furosemide	nitroglycerine	vecuronium
calcium chloride	glucagon	oxygen	versed

Mmm-Mmm Good!

C	S	N	O	I	T	A	C	I	D	E	M	G	M	Y	R	N	C	M	B
B	E	G	T	F	C	R	M	X	E	M	M	A	X	I	L	L	A	M	M
K	N	N	J	U	H	B	Y	O	E	F	R	R	D	X	E	C	A	E	A
L	W	P	I	A	T	S	D	M	I	R	P	L	M	O	U	G	D	D	M
M	M	T	S	R	E	F	B	P	O	L	O	K	N	L	N	I	H	U	Y
S	E	E	F	V	C	R	M	W	K	N	E	J	E	E	A	Y	G	L	F
X	T	T	Z	M	A	O	T	F	G	H	Y	H	S	L	V	B	N	L	M
G	A	F	A	N	E	X	R	S	E	W	M	I	T	F	G	H	Y	A	D
N	C	J	E	B	B	N	G	E	F	C	U	U	X	O	S	Z	N	O	Q
D	A	S	J	N	O	D	I	K	M	M	N	E	I	A	S	D	H	B	K
S	R	C	M	E	R	L	V	N	S	T	Y	A	N	R	I	E	M	L	L
A	P	W	A	X	C	Q	I	U	G	F	T	Z	S	B	B	S	M	O	D
W	A	F	S	Z	A	O	L	S	Q	E	W	C	L	A	Z	U	L	N	S
K	L	P	S	Q	E	F	T	H	M	K	S	E	D	Q	E	O	N	G	T
W	S	F	T	Z	A	O	P	D	Q	E	W	C	F	T	R	F	Q	A	S
K	O	M	E	T	A	P	H	Y	S	I	S	P	D	P	E	W	L	T	M
D	T	H	E	K	O	L	K	I	L	L	I	V	O	R	C	I	M	A	D
R	F	V	B	G	T	I	U	O	N	O	I	T	A	C	I	T	S	A	M
F	L	S	L	A	S	R	A	T	A	T	E	M	B	C	V	U	O	L	K
X	E	S	Z	W	A	Q	T	F	G	M	E	C	H	A	N	I	S	M	K

Edutainment by JORj

macule	mass	medications	metabolism
magnesium sulfate	mastication	medulla oblongata	metacarpals
malfeasance	maxilla	membranes	metaphysis
mandible	mean	meninges	metatarsals
manubrium	mechanism	merocrine	metoprolol
marrow	medial	mesothelioma	microvilli

Catch Your Breath

R	I	U	O	P	N	Q	S	S	A	B	B	C	V	U	O	L	K	M	P
W	E	N	Q	R	S	E	F	B	P	V	R	O	N	C	H	I	C	B	E
A	Q	S	F	G	L	Y	R	D	N	V	B	A	M	K	I	O	R	L	E
S	Z	W	P	K	T	F	G	H	E	R	D	C	D	B	N	O	K	I	D
T	R	D	C	I	S	S	W	A	A	T	F	G	H	Y	N	D	C	W	B
R	B	A	G	T	R	C	N	D	X	E	S	S	W	C	P	T	F	O	H
A	R	D	E	F	V	A	L	O	O	K	I	I	H	U	A	N	Y	L	T
C	E	U	P	N	E	A	T	N	I	S	U	I	B	Y	G	T	E	L	R
H	L	N	O	K	N	I	J	I	Y	T	O	G	T	F	S	E	L	A	R
E	Q	T	P	G	H	Y	R	T	O	L	A	N	L	O	B	E	S	H	Q
A	X	A	S	S	W	A	P	T	E	N	H	L	R	D	C	V	B	S	H
T	Y	U	T	F	Y	O	D	S	E	S	S	S	I	Q	T	F	G	Y	Y
L	A	S	K	P	M	D	E	S	A	A	R	P	V	T	N	S	P	P	I
R	F	C	B	E	T	Y	H	S	E	J	U	U	K	L	N	E	M	Q	A
H	Q	U	H	C	F	T	Z	N	E	W	S	T	C	D	R	E	F	L	B
T	O	L	D	Y	E	W	P	F	T	Z	A	U	W	P	X	C	V	E	R
P	D	T	H	U	P	O	P	D	Q	E	E	M	N	T	Z	E	Q	W	R
E	O	A	D	Q	P	N	C	F	T	Z	A	E	W	S	O	C	D	E	A
D	D	T	H	Y	K	O	E	D	Q	E	A	C	H	L	Z	A	Q	W	T
O	L	E	H	N	C	E	D	A	H	U	K	O	I	W	Q	E	W	C	E

Edutainment by JORj

alveoli	deep	hypopnea	shallow
apnea	depth	lobes	sputum
auscultate	dyspnea	rales	tachypnea
bradypnea	eupnea	rate	trachea
bronchioles	hemoptysis	respirations	ventilations
crackles	hyperpnea	ronchi	wheezes

Good Chemistry

F L M S A L T S Q T I A N A B O L I S M

N E T D G C B R Y L M M N E P D G C B O

S N I E T O R P P S A T S D R F V P L L

J O I D N O B C I N O I X A O S D E F E

T R H N M J U L K L O P M Q T W P X A C

E T F V B C O V A L E N T B O N D S M U

E U E W C B T Z A Q W S X D N E R I V L

L E F T A A Q N S X C D S N F V B S T E

E N A T W S B C O E R E V O G A Y Y N S

C H E M I C A L P I T T S B E S T L L M

T M M J U I S L O A T E L N P D A O S D

R S V B G T E H R M M I I E L N P R M L

O I Y S X C S D R Y V B S G Y U N D J S

N L C N T Z Y Q Z S X C D O R O V Y G T

L O M N T H D N H U K O P R P P W H F T

N B E D O H E K O L I P I D S M T Z A Q

D A H B K O E D Q M A F W Y N O O L O O

N T R D T H U S O P D M E H C C T C A Q

D A H U K O A C I D S S N O I T C A E R

C C V B G T Y H N S N N I W S A A H I D

Edutainment by JORj

acids	chemical	hydrogen bond	neutron
anabolism	compounds	hydrolysis	proteins
atoms	covalent bond	ionic bond	proton
bases	decomposition	lipids	reactions
carbohydrates	electron	metabolism	salts
catabolism	enzymes	molecules	synthesis

May I Have A Tissue?

S	C	O	T	N	A	L	P	N	C	E	D	T	H	S	K	O	P	C	M
A	O	I	E	R	I	R	E	R	N	Q	R	S	L	M	U	C	O	U	S
E	N	I	N	A	E	U	I	A	O	A	F	L	C	V	U	O	S	B	P
R	N	E	V	T	R	Q	U	E	L	T	E	U	O	L	N	C	N	O	T
E	E	I	N	O	E	E	A	U	F	C	E	A	Q	O	L	X	C	I	D
S	C	T	G	Q	U	R	D	I	M	D	Q	C	I	E	S	T	C	D	Y
Q	T	L	N	A	L	N	C	E	E	D	T	T	T	K	E	R	A	A	G
U	I	E	S	I	A	T	T	A	K	M	A	C	E	I	R	O	I	L	O
A	V	V	I	L	Q	S	Y	S	L	R	S	O	L	S	O	V	D	N	L
M	E	E	G	S	R	A	E	T	E	A	H	U	E	E	U	N	R	H	O
O	C	N	L	E	K	B	B	N	I	W	T	N	O	C	S	W	A	Q	T
U	D	A	E	L	S	E	E	C	C	L	S	E	X	E	R	D	C	E	S
S	A	C	U	I	H	G	L	P	H	A	I	I	D	B	N	Y	G	T	I
Z	Q	O	S	N	E	A	U	E	T	O	Z	B	V	D	K	A	L	J	H
O	L	L	S	R	L	B	E	I	T	F	N	L	A	A	I	A	T	P	C
R	E	U	I	L	T	U	O	L	E	A	U	I	O	E	R	S	T	U	Q
Y	E	M	T	E	P	N	L	T	A	F	L	S	A	U	M	Q	C	W	C
S	Y	N	O	V	I	A	L	E	N	N	I	L	E	O	E	R	U	S	C
H	I	A	O	U	S	I	T	Y	G	S	E	N	A	R	B	M	E	M	E
P	I	R	S	O	E	P	I	T	H	E	L	I	A	L	A	G	T	P	H

Edutainment by JORj

cardiac	glandular	neural	serous
columnar	histology	neuroglia	skeletal
connective	intercalated discs	permeability	squamous
cuboidal	membranes	protection	stem cells
cutaneous	mucous	regeneration	synovial
epithelial	muscle	sensation	tissue

Beauty's Only Skin Deep

H P I G M E N T A T I O N E V Y A C U E

C A D P A U P S H D A E N I R C O R E M

T H I K A H D A U A S A U A N R E A B U

K O P R A R L S P D C N T E N B B E H T

M U B E S E E O O T O N L I E R E A Y A

D E R F A H C T A Q E R F I O T L A P R

Z A Q W A R A E I M R I I V I A C U O T

W S F T I N E F U C E E R F R A I V D S

O P U N P L S G T D U L E A E B L R E P

R S E B A C E O U S G L A N D R L L R R

E L K M C T E N T L I P A H D A O L M O

B H F B N U I L B E A M V R N T F U I T

I S X I R E T O L T U T R B E Z Q V S E

F P A P I L L A R Y E P I E T U I L B C

E D Q E E O U S N T Y C O O D E X R E T

V U O H N H I E K E R A T I N I Z E D I

R K M C T R A N H I O O U S I T P C O O

E C E U C Y P I O S O U R A N H I E O N

N D E O P A L L N A I L S O S O T R A N

E A R T E R Y N K I N G O P A N I E V Y

Edutainment by JORj

apocrine	hypodermis	papillary	sebum
artery	integumentary	pigmentation	stratum
cornified	keratinized	protection	subcutaneous
epidermis	merocrine	regulation	sudoriferous
follicle	nails	reticular	touch
hair shaft	nerve fiber	sebaceous gland	vein

We Have An Arrangement

K N I J U R B Y S T F L R N E R V O U S
S W P X E T E N E F V E Y M O K N I J U
N A T P D E O S P O P D K M I J U H B Y
A D A F V I L M P R R I J N P B Y C T F
G I S Z T A Q T O O H G T D C H A N M K
R T M C R D Y D S Z N E A T F R A Y R C
O I N S H B U R T F R S D N D S Z T O Q
S U O K I C J U A D Y T I I I R D M I S
F M F V T L M O E T I I O V B S M T H C
W O E I T S O P F V N V M O E U M J O H
L V V T Q L E B X A A E D E N N P L M O
H E M J S N K L A S M Q M I P X E T E D
V M G T D Y N M C T I K C U P M Q S O R
Y E E E F V S U T Y E A M J G I K L S A
R N N A Q W L X C D T M F V B E T Y T L
A T C F T A A Q W I X C D E R F T B A U
N D Q E R E P R O D U C T I O N E N S C
I D T H U K E N D O C R I N E Z A Q I S
R E S P I R A T O R Y L A T E L E K S U
U C D E R F V U H T W O R G E D T H U M

Edutainment by JORj

cardiovascular	homeostasis	muscular	reproductive
communication	integumentary	nervous	respiratory
digestive	interdependent	organism	responsiveness
endocrine	lymphatic	organs	skeletal
functions	metabolism	repair	systems
growth	movement	reproduction	urinary

I've Got a Bone to Pick

```
P C T Y F R W D Q Y B S R F W J S D U O
C E C O M P A C T L I O W I F V J I Z S
B N R Z S N M M X S L R N M Z U I A A T
H T M F D S I U Y H U I U E G W R P H E
E R M M O W E H E X H E T G V T R H P O
U A D U M R P O J T T D L K I F E Y Q B
S L F X I I A B U S S O G C C Y G S E L
E C N P P C R T O S W O U H Y N U I N A
T A R E O M L D I R T L I L K T L S O S
Y N S E L A N A C N A I S R E V A H I T
C A E N M E Q G C R G Z S T E D R S T S
O L S F W O Q T C G H C R S C P B N A K
E R D L Y S D A A Q T F A H U R D C C B
T S G A F G R E X E S Z W N Q E F G I Y
S N H T U T N Y L T W O R R A M S Z F A
O W P O I T S O E I V P L M O L N I I U
X A T L R E F V P L N O K N I J G H S Y
S D A F V T L M O S N G J U H B Y N S F
X G S Z W A Q T S T S A L C O E T S O K
E T E P I P H Y S E A L P L A T E Y R L
```

Edutainment by JORj

articular cartilage	endosteum	long	osteocytes
bone	epiphyseal plate	marrow	perforating canal
calcium	epiphysis	osseous tissue	periosteum
central canal	flat	ossification	remodeling
compact	haversian canal	osteoblasts	short
diaphysis	irregular	osteoclasts	spongy

The Foreign Lesion

L	A	C	T	P	I	O	B	U	L	L	A	Q	E	E	G	C	D	H	V
N	O	D	U	L	E	G	O	P	U	J	I	K	L	D	I	O	L	E	K
K	I	N	M	O	P	A	L	L	I	O	J	M	A	W	E	P	C	M	D
O	T	H	O	N	P	I	P	G	M	V	S	A	W	S	E	C	U	A	U
N	G	E	R	A	L	E	A	C	A	I	K	E	M	A	H	V	U	N	U
N	K	U	O	E	H	I	T	S	X	F	B	X	C	Y	J	L	K	G	D
L	A	Q	L	P	I	O	C	E	A	E	W	C	M	O	S	B	C	I	A
A	D	A	U	N	K	U	H	T	C	N	V	O	H	T	N	L	K	O	U
I	C	L	I	N	L	O	P	A	L	H	S	R	M	B	N	D	Y	M	J
S	N	P	I	A	O	U	S	I	V	I	I	I	I	O	U	Y	A	A	V
S	T	A	R	I	U	N	K	N	S	P	I	A	U	L	R	M	I	R	G
G	O	P	A	I	E	A	C	Y	X	J	F	T	E	S	L	E	A	U	Y
A	P	D	U	L	M	A	D	E	C	R	D	I	O	K	Y	N	C	B	X
Y	P	U	U	S	O	A	L	A	E	D	Z	O	S	D	S	A	B	L	M
M	U	P	R	T	Y	U	R	H	D	L	Y	N	J	S	A	B	E	K	U
N	A	U	S	P	T	D	I	Y	N	Y	C	O	Y	W	U	S	L	Y	D
P	R	C	S	S	U	N	W	H	E	A	L	I	X	B	I	R	M	L	C
A	S	T	U	R	H	R	U	R	I	N	P	Z	S	O	U	I	E	E	Y
V	E	P	A	L	W	H	A	U	J	Q	O	B	N	E	D	T	N	S	S
Q	D	W	C	R	E	E	Z	A	Q	O	B	S	V	J	V	Z	E	X	T

Edutainment by JORj

bulla	keloid	petechiae	secondary
cyst	lesions	plaque	tumor
ecchymosis	macule	primary	ulcer
excoriation	nodule	purpura	vascular
fissure	papule	pustule	vesicle
hemangioma	patch	scale	wheal

Head & Shoulders, Knees & Toes

D A E W N K N O T H I N K I N G O P A L
A A H I T A N D U S T L D I U N K N B T
L M A B D E Y E S D I U E K N O T H U N
B Q H R E S T A N D U E T G D F U N T N
C S U E S A R M S U T K N O S A I N T I
A E W A O U R E S A A N D S S C E S O N
T G E T D K N O P H I N K R H E O P C L
H Y M H T R R L A B D O M E N N D P K T
W O J S A N A U S T A D S D N K N U S H
S J O O G P P N L L A T Y L I O S L T R
D H F U A S T A T H O U R U S T A S T U
N M X N T A S E N S A T I O N I N E I N
A X H D O U W H R S E A R H O U E E S T
H R Y S O T H O N K I A G S P F K L A C
X W R D L A T Y P I O S R S R A N C I E
Q F A R U O H A S B A R H S I R E S E A
T E N C M A S E I A U W H A S V A R H N
H T M O U T H C R C E Z A S E I L U W H
U C Z H F P Q L B K A I L A T I N E G R
B Z K V I P N T O F P Q L B U V Y I P P

Edutainment by JORj

abdomen	ears	head	palpate
arms	eyes	legs	pelvis
back	face	motor	pulse
breath sounds	feet	mouth	quadrants
buttocks	genitalia	neck	sensation
chest	hands	nose	shoulders

IS There aN...F?

K	I	F	A	S	I	C	U	L	A	T	I	O	N	S	F	R	T	F	G
U	H	B	Y	G	T	F	C	R	D	X	E	S	D	S	A	Z	X	U	V
O	F	N	I	J	U	H	B	Y	G	T	X	A	N	F	D	P	M	N	L
O	R	M	Q	L	W	F	X	A	T	S	M	E	I	W	L	U	I	C	L
J	A	I	K	F	O	P	I	Q	L	W	M	B	Z	I	U	E	H	T	M
B	C	R	B	S	I	Y	K	B	Z	A	R	S	F	P	C	D	X	I	S
A	T	T	S	G	H	B	R	D	R	I	M	Q	L	R	P	P	G	O	E
R	U	A	E	S	Z	W	U	O	L	I	L	O	O	M	Q	L	W	N	R
Y	R	T	F	C	R	D	F	L	S	Z	N	F	F	E	T	A	L	S	M
A	E	S	D	P	M	Q	A	W	A	X	A	O	S	D	E	F	E	P	D
Q	L	W	N	U	I	T	T	O	P	M	Q	L	G	P	X	A	C	S	G
F	J	K	P	O	I	U	I	H	J	N	B	L	Z	E	S	X	N	W	Q
K	A	C	N	O	I	P	G	I	R	L	H	I	N	B	N	Z	E	S	X
O	D	C	N	I	K	X	U	N	J	U	P	C	I	U	L	H	L	F	F
Y	V	E	E	U	M	O	E	W	H	I	M	L	C	N	J	K	U	O	I
T	Y	G	H	T	N	M	J	L	I	U	O	E	P	Q	T	N	T	Z	S
H	B	S	U	O	R	B	I	F	F	P	Q	Y	F	E	D	A	A	O	S
M	J	K	I	U	O	L	P	E	C	A	F	Z	U	U	O	D	L	H	U
N	J	K	P	O	I	U	L	H	J	N	B	V	S	C	S	X	F	F	R
F	L	E	X	V	C	N	F	E	E	T	I	U	L	H	J	N	B	V	E

Edutainment by JORj

face	fetal	flat	foramen
facet	fibrillation	flatulence	force
fasciculations	fibrinogen	flex	fossa
fatigue	fibrous	flexion	fracture
feet	fibula	flexor	functions
femur	fissure	follicle	fundus

May I ASK a Question?

A K Q W S Y A X Z N O I T A I L L A P L
V B T Q E T U C A I P N P O N P A C B U
C A U V U B N D W R U R H E E U S H Y S
Z N R D C M S E E Q O U V Y D L T R G H
E U A A I G I N H V U I B N D F O O E R
S V D U D V U Y O X W A L V U T R N H V
N E V A R I N C P I O F M C S T A I V D
W Q F E S E A Z O Q T V F I Z I L C G N
J D T J E T E T Q N L P H F C E I H D G
O N N O I A Z E I O S L I N F C N O E S
I S E O G J M S E O A T I R E O T C D N
F E N K R X S W M C N U A B C N A G N O
M I I D E C T Y I O X W A N V S K G E I
S G T I L G N D T P T O F M T E E E N T
I F R S L S E N W I Q P V T U T I R E A
G S E Z A M V V H Q R L M V I C E X P C
N J P E T U E E S R O E W Y N M C C O I
S A B S Q U A L I T Y N V U S I E L M D
U B A M A I B N D S U B J E C T I V E E
E P R A Z A E Q U I B N D F S A U G H M

Edutainment by JORj

acute	last oral intake	pertinent	signs
allergies	medications	prescriptions	subjective
chronic	onset	provocation	sudden
constant	open-ended	quality	survey
events	palliation	radiation	symptoms
interview	past medical history	severity	time

Take My Breath Away

B	P	V	P	I	L	P	P	D	A	I	N	O	M	U	E	N	P	H	A
S	Y	U	U	S	S	M	W	N	B	Z	A	W	L	U	O	Q	X	E	C
I	C	B	L	V	I	I	E	P	E	H	W	U	L	I	T	E	D	M	T
T	Y	Q	M	M	S	T	V	S	W	U	N	V	S	N	G	X	Y	O	I
I	S	W	O	R	O	E	I	A	O	G	M	U	N	T	E	A	V	T	L
S	T	A	N	E	L	N	U	L	C	T	F	O	Z	I	S	V	G	H	S
U	I	I	A	U	U	H	A	A	L	F	H	F	T	T	X	H	W	O	I
N	C	L	R	Q	C	W	N	R	E	I	H	E	H	H	C	O	L	R	T
I	F	A	Y	Y	R	C	L	L	Y	I	S	E	L	Z	O	C	N	A	I
S	I	M	E	B	E	D	A	P	H	E	N	N	M	I	I	R	R	X	H
A	B	E	M	R	B	R	I	H	L	I	D	F	O	N	O	F	A	I	C
R	R	S	B	H	U	T	A	U	A	F	N	E	L	T	X	M	X	X	N
V	O	Y	O	E	T	B	E	G	S	D	O	C	M	U	L	W	A	R	O
D	S	H	L	C	O	A	R	D	S	J	P	M	U	A	E	G	L	O	R
N	I	P	U	Y	C	A	S	I	T	I	L	O	I	H	C	N	O	R	B
L	S	M	S	P	V	I	T	Y	G	K	X	E	C	A	R	X	Z	A	Q
U	B	E	P	I	G	L	O	T	T	I	T	I	S	L	Q	R	Z	A	P
P	O	F	S	Q	R	A	S	T	H	M	A	T	E	Z	U	D	F	B	T
U	Y	I	L	P	I	O	S	O	K	S	I	T	I	G	N	Y	R	A	L
S	Q	D	P	L	E	U	R	I	S	Y	F	Y	J	D	E	S	T	G	Y

Edutainment by JORj

ARDS	emphysema	lupus	pneumothorax
asthma	epiglottitis	mesothelioma	pulmonary edema
bronchiolitis	hemothorax	myasthenia gravis	pulmonary embolus
bronchitis	influenza	pleural effusion	sinusitis
COPD	laryngitis	pleurisy	tonsillitis
cystic fibrosis	lung cancer	pneumonia	tuberculosis

OH My! PLease EXcuSe Me.

```
F V E A I G A H P S Y D H Y W A I F Q K
M M E P H I A T A L H E R N I A N W D P
W B S C N F B S Z P E I W D S V D I R S
C B O R R V U I T O J M D I J I I A E L
R D P R U Q U G S R A H S G V B G J G K
A Q H I B A A X N O O O L E B K E A A Y
M I A Z T O I P N I L E R S E M S E Q F
P Z G N R D R U I U T T N I K T T C N X
S S E F A A A Y C M I A E T R H I N O D
B X A N E B V I G C S E O I E H O E I Y
M U L P H N T G U M B S C L J R N L T S
K L V P H R R L O G I U E O B E I U A P
J F A T E F I P A F L A N C I L O T P E
U E R V L T Q A E C I N S A A H I A I P
S R I A I K J B E L C H I N G W S L T S
C D C S D I A R R H E A T D G C B F S I
B I E S S L F G B O L Z C W R S F X N A
E C S N G E E A G F T Z G N I T I M O V
A A U E S U S I T I T S Y C E L O H C F
L V E R T S Q U E K O P D Q E W C F T H
```

Edutainment by JORj

acid reflux	constipation	dysphagia	heartburn
belching	cramps	esophageal varices	hiatal hernia
bloating	diarrhea	flatulence	ileus
borborygmi	diverticulitis	gastric ulcer	indigestion
cholecystitis	diverticulosis	gastroenteritis	nausea
colitis	dyspepsia	GERD	vomiting

My Achy-Breaky Heart

N W Z B N I A P T S E H C C Q U I B N D
K O F S S C C R F D Y G A A Z N N S V B
S Y I O I W I E C P F R V G T A F U P A
H N F S R R D T O T D Z K A U K A B H S
A T E Z U V O T O I A A C K J B R S Y R
E H T F S F E T A N K C O E S A C T P L
N E Z U I N N C C D A R H U D H T E E I
P A Q W S F A O U E H Y S Y O G I R R R
S F T I E R J B C V P T C Z C A O N T R
Y D O E R B N A U S E A I P L A N A E E
D N H E O U I O P L R Q N E Q U R L N G
R I S F H W S E I D F D E I T A N D S U
F T Z V P S E C I T D V G T G I N A I L
V U O Z A A W A E C A F O V G N A Z V A
G N I T I M O V V G T I I N A J A J E R
W D C V D N V G T A Z N D U K U B E S S
D E R U S S E R P A U K R A E R S C F G
G T Y H U E S S O T N A A V R Y T A Q U
H E A V I N E S S S I S C H E M I A R T
X C D E I R P A L E A Q U E S I O T N A

Edutainment by JORj

angina pectoris	cyanotic	hypotension	pale
bradycardia	diaphoresis	infarction	pressure
cardiac arrest	dizziness	injury	radiation
cardiogenic shock	dyspnea	irregular	substernal
chest pain	heaviness	ischemia	tachycardia
confusion	hypertensive	nausea	vomiting

H&H...&H&H&H...

N M D O X O G H H H A I R S H A F T O G
E Q H J L G F E E O E N K A P Z Q H H H
Y N M E O X A L I M N M V K Z P E Q E O
M E N G A R D N X E O E A Z K M H G M B
B H J Y T V L F C O R R Z N O K O P O Q
H U A B G Q I V E S U M R G G H R K T C
A E U I U O L N I T V E L H M I M W H I
I R M B R M L A E A O O P Q A V O Z O M
N H V O R L N O H S B M J N I G N M R Q
R N E K P C I L T I S D H U Z H E V A R
E I O M A T W N N S A Z E G V I S T X G
H L Q N A D Y A E X I V M D T N G H B N
L U A L P T Y S E Z U H A N W G I K V C
A L N M J K O T I R C O T A M E H M T D
T V F R T Y G M B S M J O H U O I R Q Y
A A Z X C V F R A Y S H L N M J A I U O
I Q W H D S A Z X D V F O T Y E T B N M
H U M E R U S Q N E D S G Z H C U F R T
Y R D A V B N A K I O P Y Q W E S S A Z
W A Q D F G H Y R D C V B N M K I O P L

Edutainment by JORj

hair shaft	heart	hematoma	hiatus
hairline	heartburn	hemoglobin	hinge
handgun	heaviness	hemoptysis	histology
hands	hemangioma	hemorrhage	homeostasis
haversian canal	hematocrit	hemothorax	hormones
head	hematology	hiatal hernia	humerus

Sweeeeet!...Not So Much

G L Y C O L Y S I S E D T N I L U S N I
A K E T O N E S I N Q R S H F B C G U S
E R I S A E V I A S H F Y C V U L L K L
J A G L U C A G O N E P U O L Y M P C E
E U I A G T E A G F E N A Q C S O C D T
E T V A L U I S I R D D E O C L T F C O
I E C E A P V L G E D I G G Y C R D D F
A L O S N O H L L K M E C U O K O I L L
I S N P A I Y A S E N T R L E C A P P A
M I F R A C L E C O M I T T E P Y O H N
E C U L E N B E L E A S O F H Z L L Q G
C I S M L S C Y O C L A E O C Y D Y G E
Y T I P I H S R P N C L R T P B Y D T R
L A O E N I A U E I S E S H E K N I J H
G E N U S L B E D A T E A E A B F P P A
O R P O L T U O L I S G T O J M A S S N
P C X R E P S L C A I W S A A H Q I W S
Y N T Y C I B E T A C E L L S E J A D C
H A T E S N O T L U D A B M M O H N M E
P P O S O T R A N L M A G L U C O S E H

Edutainment by JORj

adult-onset	diet	hyperglycemia	ketones
alpha cells	glucagon	hypoglycemia	pancreas
beta cells	glucose	insulin	pancreatic islet
confusion	glycogenesis	islet of Langerhans	polydipsia
diabetes mellitus	glycogenolysis	juvenile-onset	polyphagia
diaphoretic	glycolysis	ketoacidosis	polyuria

BONIN' UP ON BONES

T Z A T E A B B E F O S S A V I A Q U E
C E D E A U P I H D A P H C A T T A L S
T H U C I T D A P L B A U C N L E R B U
L A N A C P R S A U O N L E E B B T R L
G T Y F U E S O O T N A L L E R U I Q C
D E R F A E F I C Q E E E I O B N C S U
Z G Q W T O B E R H M V E V E A Q U E S
W N F T R N L E A B A E R R R A M L I A
O I D A O L S A U T R N O A B A E A I R
E N M H C P I H I A K S T A R C N T D A
O E K M H V E O T A I P I E D A P E S A
N P F B L N N L B T N Q R E R T P U P I
W O X C E E P O Y T G U L B E R Q V E N
F T Z C A L C E X R S P O L E S U N I S
P D K E E O C S I S Y C R S Y L X R E P
V C O L N H I R I U S I S O C I H Y H X
L K R D T R A F E I E I U S C N Y C E H
N C Y E C Y P I O B O T R A N E I E A U
C L E R S A L L A N U P I O S O S R D N
E F Q D T T I N K I N T O P A L L S C Y

Edutainment by JORj

articulate	depression	head	sinus
attach	elevation	line	sulcus
bone markings	facet	neck	trochanter
canal	fissure	opening	trochlea
condyle	foramen	process	tubercle
crest	fossa	ramus	tuberosity

Let It "B"

```
K N B J U H B Y G T F B R D X E S Z W B
L B P G N I H T A E R B L M O K N I A U
B L B S D E F V P A M O G N I H C L E B
S O E O V P L B I O L O G Y H B L G T R
X O N Z N B Q N F G I Y R D C A B N M A
G D F E R E S E S Z W M Q T N G B Y R D
N P J U M T Y G T F C R G D E R Z W A Y
L R O K E A J S H B Y G S Y O R D X E C
D E F M P C R O I N I O U N R Y G T S A
W S X A T E D K F T C L C O K O I J D R
L S P M B L W P I K I H B E F S B L N D
B U R J U L K L E N I L L W P I A R U I
V R G A Y S E T J O G K O O P T Q L O A
C E A R L V B E L Y H S O I U I K L S B
F S Z D Q I S E D D E R D V H H T Y H N
E E C F Y Z S Q W I X C D E R C V B T T
P S Q E W P F A Z T N U L B C N N R A K
E A T H U K N P B Q E G C F T O A O E C
L B O L U S D E H U K O P D Q R W C R A
X C D E R B L O A T I N G C E B T H B B
```

Edutainment by JORj

back	biology	bolus	brain stem
ball and socket	bleeding	bone	breath sounds
bases	bloating	bone markings	breathing
basilar	blood	borborygmi	bronchioles
belching	blood pressure	bradycardia	bronchiolitis
beta cells	blunt	bradypnea	bronchitis

The "I's" Have It

I U I Y I L P Q D N O I T S E G I D N I

L Y N L P Q D W W B Z A W G U I N X H N

I L E U M Y I D E M R O F N I T C D M S

U N R D W C R O I R E F N I I G I H V P

M D T C R V E Z V O F M C Y N N S V D E

L Z I E E S N O R U E N R E T N I G N C

Y E A O G W H A E L I U F E E X O W G T

F Y L Y Q U W C T K J H R F R C N L I P

D T U G Y C M L N N M C T E D P C M M H

B I Q O B H D E I H A K Q M E I P R M Q

A L O L N U P I N L Z Z J Q P R F O O S

R I O O H I T A A T F A U A E X L X B D

V B O N W L L T Z S A O Z S N L W Q I F

D A F U C O E U U F J R S N D W D L L H

N T M M Y D O H S U Y I Y I E G E H I O

G S K M D S I T Y N O X E T N U I S Z Q

A N O I T C R A F N I P Z C T Q L Z E P

A I S P Q R A N H T G H T E Z U P F B T

H C I L I L E U S K I Y I Z E D M R N D

S Q D W C N H I E I T D N O B C I N O I

Edutainment by JORj

ileum	impression	influenza	integumentary
ileus	incision	informed	intercalated discs
ilium	indigestion	injury	interdependent
immobilize	inertia	inspect	interneurons
immunology	infarction	instability	interview
implied	inferior	insulin	ionic bond

"O" By Gosh By Golly

A	Q	U	O	R	G	A	N	I	S	M	C	F	T	Z	A	Q	W	E	N
L	V	E	R	T	A	Q	U	E	K	T	P	O	Q	E	W	C	V	O	H
S	I	O	T	N	O	V	U	M	C	E	S	T	H	U	K	I	I	S	O
A	B	B	S	R	I	R	A	E	N	T	R	A	H	F	T	T	V	T	Q
O	S	S	N	S	W	E	A	G	E	T	Z	A	L	C	A	X	C	E	D
S	V	T	A	Q	E	E	S	O	P	D	Q	E	E	C	G	T	F	O	Y
T	O	E	N	S	L	O	P	R	E	D	T	J	I	K	O	R	D	B	K
E	V	T	R	G	C	E	U	N	C	S	B	F	B	G	B	E	E	L	U
O	M	R	P	D	N	I	G	S	F	O	I	H	U	D	L	K	T	A	W
C	C	I	I	I	O	H	D	Y	T	S	F	C	R	E	I	E	S	S	W
Y	F	C	A	L	M	S	K	E	S	I	U	H	B	D	Q	T	O	T	O
T	P	S	I	T	S	D	E	O	P	P	S	M	O	N	U	P	J	S	R
E	K	L	O	P	M	Q	L	T	G	O	T	S	Z	E	E	K	Y	T	G
S	H	O	M	O	U	I	K	C	F	T	H	A	U	N	S	X	I	D	A
Z	O	Q	O	V	X	T	N	Q	E	W	C	T	I	E	A	B	W	S	N
O	P	E	N	A	E	E	F	U	T	O	P	N	R	P	R	C	F	T	E
P	A	Q	O	R	G	A	N	N	C	E	G	T	H	O	K	O	P	D	L
O	R	O	R	Y	A	T	E	S	N	O	P	D	Q	E	W	C	F	T	L
P	Y	Q	X	S	H	F	B	N	C	E	D	O	S	M	O	S	I	S	E
E	S	O	E	G	W	E	A	G	F	T	Z	A	Q	W	S	X	C	D	S

Edutainment by JORj

objective	open-ended	orthopedics	osteocytes
oblique	opening	osmosis	osteopenia
obstetrics	orbit	osseous tissue	ovary
occiput	organelles	ossification	overdose
onset	organism	osteoblasts	ovum
open	organs	osteoclasts	oxygen

Look For Lots of "L"s

```
S I T I G N Y R A L C V S G M Q J L I L
N Q M D Q J Y W U I E T E Q P C U Y Y N
D L O M L L A N S C I C M Y Q P I M R D
T E N Q A A G S Y E Y I O R U I P P X R
O G A N J C S F U N K S S S L H P H J S
N S K P A E U T H S N B O Z O S X A W T
K V L N J R P O O U L H S C B V Z T S N
O L C E I A V C N R K P Y I E L L I N E
Y E E M S T O D W E A T L C S J K C O M
R U G U B I M J K I E L L D Q Y V E E A
H K N L J O O U O L P Q I E E Z U T O G
M O K I U N L N Q Y V P Z N M O S W H I
N C K L O S U L S J I B V I T Y X L W L
W Y I O V C N J K L O I U A S A N A V Z
V T Z N M O D W H I K V C C J K K T I U
L E Q G V R R U M O D W I O K V C E J K
J K I U O E P Q Y V E B U D O D W R I K
Y G H B V T J K I U M L P I Y V E A U M
X C V I D I C A C I T C A L I U O L P Q
Q W L D S L Z X L V F R T Y G H B N M J
```

Edutainment by JORj

lacerations
lactic acid
laryngitis
last oral intake
lateral
legs

lesions
leukocyte
licensure
lidocaine
ligaments
limbic system

line
lipids
liter
liver
lobes
long

lumen
lung cancer
lupus
lymphatic
lymphocyte
lysosomes

A "D"-LightFUL Word FiNd

D R D X E S Z D I A P H O R E T I C D B

E S E T I R D N E D S Y W A Q T F I H Y

C N P J U H B D G G G C R D X E A L W A

O W R X S T S D E O L N L M O P N O J D

M A E S D U F V L F O U K N H J U T I I

P D S F V P T O O L O I T Y H B Y S T A

O S S Z W A T I A G H R S I C V L A M R

S T I C N A X H L Z W I M T T O H I R R

I I O T M O P G T L S R D I C I Z D S H

T M N R I E I U H B E D T A T R O D I E

I E E V C L M T K N I M T H B I I N S A

O D T N G H U R N G N I S M K S E P E Q

N Z E A L T F C E E O O C E P N M S R O

C I D X E A Z S I N T F I L T R D C O B

D B Y P T F T R D T E S A S A E T F H H

T S E E F I P S M O R C I J U H B Y P T

E E V P V M O K I I E E H D Y F T A A R

D L D E P T H J U D B Y V T F C F D I E

A D I E T H Y R D C V B N I K I O I D D

D X E S Z W A E S O R T X E D C V B D M

Edutainment by JORj

decomposition	depth	diaphysis	digestive
deep	dermatology	diarrhea	dislocation
deformities	dextrose	diastolic	displaced
deglutition	diabetes mellitus	diencephalon	distal
dendrites	diaphoresis	diet	distention
depression	diaphoretic	diffusion	diverticulitis

Sticks & Stones May Break My Bones

R	C	V	B	G	T	Y	H	N	M	C	A	L	L	U	S	P	M	Q	R
C	O	M	P	R	E	S	S	I	O	N	H	M	M	J	U	I	Y	L	E
Z	M	Q	W	S	X	C	D	S	R	F	V	B	O	T	Y	H	A	M	M
Q	P	W	T	R	A	C	T	I	O	N	X	C	D	T	R	F	R	B	O
H	O	K	O	C	D	E	E	W	C	H	T	Z	A	Q	A	S	X	C	D
K	U	N	C	E	O	T	Z	A	Q	W	A	D	C	D	E	M	F	T	E
C	N	U	O	P	K	M	E	W	C	E	P	I	P	H	Y	S	E	A	L
R	D	H	E	B	C	V	M	K	O	P	D	S	R	W	C	F	T	H	I
H	U	N	S	Z	Q	V	E	I	N	I	E	P	L	L	S	N	C	K	N
V	I	E	P	N	S	P	L	I	N	T	P	L	N	C	I	D	T	I	G
A	G	T	I	U	I	O	J	M	Y	U	S	A	D	T	M	N	K	M	C
L	R	A	R	W	S	A	A	C	Q	L	T	C	R	F	P	B	E	M	N
J	E	N	A	A	L	O	O	E	J	E	L	E	A	A	L	W	M	O	F
E	E	G	L	V	N	R	M	O	H	M	R	D	D	P	E	Q	H	B	J
I	N	L	M	A	D	S	O	B	L	I	Q	U	E	H	U	K	Z	I	S
L	S	O	E	N	Q	E	V	G	C	L	M	A	T	V	U	O	A	L	W
G	T	U	O	I	K	L	M	E	N	O	I	T	A	C	O	L	S	I	D
G	I	H	O	J	M	A	W	E	R	D	Z	C	S	B	A	V	B	Z	V
B	C	L	O	S	E	D	S	E	H	S	H	T	G	L	K	R	I	E	U
H	K	J	I	K	L	M	A	F	V	N	E	P	O	K	Y	I	F	U	L

Edutainment by JORj

callus	dislocation	hematoma	simple
chondrocytes	displaced	immobilize	spiral
closed	epiphyseal	oblique	splint
comminuted	fracture	open	traction
compound	greenstick	osteopenia	transverse
compression	hairline	remodeling	x-ray

EM-"S" Word Find

```
H P U C D R A T G S L K J O A Q W S M A
U K Z D L V T S E V E R I T Y J W U H S
R S J M I Z D C K S P U M V J Z G O L E
K J A L S H O O Q E T S X N V G R R G N
H O A D C N Y H V B U S H O U L D E R S
T S J W D X C W D A S Z N A N O Q S W A
J X P A H L X C B C D C U J L N Y H J T
R N R I Z K E Y S E K Y A X M L R R K I
S Y V F K L W I Y O Q N D L Z L O K R O
A S N S F Y T B U U C X U Z E X S W U N
L M Y I Y I O X H S V C T G R M N Y A R
U T D N S W F S I G M O I D T N E A Q Y
P B W U N O B Z N L H Q J C Y O S Z D S
A U N S R I S F Z A W G S K B I H U T I
C I Z R E I S C E N E S A F E T Y S Y G
S Y T J M B V L S D S H L A C E C X F N
E R G P L A C S M X F S T R T R U C Z S
N F L G T E T S I N J A S W I C X M C D
V E K V B N S H O R T W K E S E B U M C
M V X M G Q E U P A Z F W I O S B D V M
```

Edutainment by JORj

saddle	scene safety	sensory	shoulders
saliva	sebaceous gland	serous	sigmoid
salts	sebum	severity	signs
scale	secondary	shallow	simple
scalp	secretion	short	sinus
scapula	sensation	shotgun	sinusitis

"E" = Mc² (?)

```
W E N D O C A R D I U M E R P B V J E N
Z W J K S L D R S I T I T T O L G I P E
E N D O C R I N E N H S D K E P A B I I
E P I T H E L I A L C V D P T T Q E D M
N A B M X W P K X C Y N O R T C E L E W
T P M E Q F W I C X F D S T O E B E R A
R Y A O T Q N C P M X L T O Z R D C M E
A G O S I S O M Y H C C E N G E C T I Q
N R V I U C Z H V N Y T E O R B Z R S Y
C E E N D O S T E U M S Y I I Y P O O A
E N D O P L A S M I C R E T I C U L U M
J E F P V B T Q D T L Z J A B U A Y K E
W M P H C E N Z Y M E S W V L I U T R S
C F W I Z N T N E R E F F E S P M E D Y
E Y C L P U A P T L W G X L F V L S U H
A E R Y T H R O C Y T E V E A M V A C P
R X P L N E Y A W G E M R W H F X I T M
S K X N L D S S G E N I R H P E N I P E
D S E N D O C R I N O L O G Y X F L X C
G Z K S D S G S B S R B A N Y K J Z I U
```

Edutainment by JORj

ears	emphysema	energy	epinephrine
ecchymosis	endocardium	entrance	epiphyseal plate
efferent	endocrine	enzymes	epiphysis
electrolytes	endocrinology	eosinophil	epithelial
electron	endoplasmic reticulum	epidermis	erect
elevation	endosteum	epiglottitis	erythrocyte

Readin', 'Ritin', and...

Z	I	R	Q	R	G	M	R	A	R	G	R	E	L	W	D	V	F	X	S
A	W	R	H	W	E	Q	A	A	G	Y	N	N	D	P	Q	E	N	E	S
Y	I	M	K	E	T	S	D	G	L	X	O	I	S	H	P	Z	L	S	N
A	H	K	X	A	U	I	P	R	D	I	E	R	L	Q	T	A	S	E	O
B	C	Z	K	S	A	M	C	I	T	E	L	A	O	E	R	T	E	N	I
T	N	S	L	T	S	F	A	C	R	R	F	M	R	D	D	Y	S	Z	T
W	O	V	I	A	A	E	U	T	I	A	Y	U	T	F	R	O	D	X	C
E	R	O	Q	U	I	D	N	B	O	N	T	S	U	O	B	Y	M	T	A
N	N	E	S	F	O	D	O	E	F	L	P	I	T	O	K	N	I	E	E
J	Y	B	P	R	W	S	A	I	V	L	O	A	O	Q	L	O	P	R	R
Y	I	R	P	R	O	P	H	R	P	I	R	G	W	N	X	I	T	E	D
R	W	E	F	M	O	S	M	Q	L	I	S	X	Y	T	S	T	E	P	V
H	R	W	E	Z	B	D	A	Y	P	T	F	N	R	D	X	A	S	A	W
V	I	S	S	E	S	B	U	S	I	J	U	H	O	Y	G	R	F	I	R
I	M	H	T	Y	H	R	E	C	T	U	M	M	O	P	N	E	J	R	H
E	H	Y	G	N	X	R	B	T	T	D	E	F	V	P	S	N	O	K	N
O	L	H	R	A	T	E	P	N	O	I	T	A	L	U	G	E	R	V	P
R	N	F	C	L	R	E	W	K	L	O	V	M	Q	L	W	G	R	A	T
R	E	T	I	C	U	L	A	R	N	M	J	E	I	K	L	E	P	M	Q
F	Q	D	N	R	T	H	Z	R	F	V	S	U	I	D	A	R	M	J	U

Edutainment by JORj

radial	reactions	reproduction	rheumatology
radiation	rectum	reproductive	rhythm
radius	regeneration	respirations	ribosomes
rales	regulation	respiratory	ribs
ramus	remodeling	responsiveness	rifle
rate	repair	reticular	ronchi

OddS & ENdS

V	C	B	O	P	X	K	G	V	C	Y	Z	P	J	O	I	N	T	N	P
J	R	C	R	O	E	G	X	H	Y	N	D	Y	L	E	H	K	W	E	X
M	E	Y	C	T	G	W	D	L	K	T	J	F	G	I	K	S	X	I	H
Z	G	J	O	C	I	O	U	E	N	K	U	I	O	O	I	U	P	H	T
B	Q	N	U	Z	C	R	H	T	Z	D	V	Q	F	S	M	H	A	R	N
A	E	T	F	N	H	R	R	Q	C	I	E	N	O	K	O	A	P	L	J
S	Z	W	A	Q	U	A	G	H	U	R	N	D	V	I	N	W	T	I	U
C	R	U	X	E	S	M	W	U	Q	A	I	I	D	Y	R	H	C	I	N
W	O	R	K	T	F	W	R	D	U	C	L	Z	T	A	Q	E	F	G	C
T	S	I	E	F	V	O	L	M	A	K	E	I	J	A	H	E	Y	G	T
E	F	N	P	L	L	L	K	O	D	J	O	H	T	Y	R	Z	F	C	I
U	L	A	O	O	N	L	T	U	R	B	N	G	T	Y	C	E	D	X	O
L	Q	R	G	G	H	E	R	D	A	V	S	N	M	S	I	S	K	L	N
N	X	Y	S	K	K	Y	Q	T	N	G	E	Y	R	E	C	V	I	N	A
A	Y	G	T	F	E	R	D	X	T	S	T	W	A	V	T	F	D	H	L
I	J	U	H	B	U	L	T	F	S	R	D	X	C	I	T	E	N	I	K
L	W	H	E	A	L	J	O	H	B	Y	G	Y	F	N	R	D	E	E	S
S	D	E	F	V	C	L	M	I	K	N	I	A	U	K	B	Y	Y	T	F
L	W	P	X	A	E	S	D	E	D	V	P	R	M	O	K	N	I	J	U
I	K	L	O	P	R	Q	L	W	P	X	A	X	S	D	E	F	V	P	L

Edutainment by JORj

jejunum	ketoacidosis	quality	wheezes
joint	ketones	ulcer	work
junctional	kidney	ulna	xiphoid
juvenile-onset	kinetic	urinary	xray
keloid	knives	urology	yellow marrow
keratinized	quadrants	wheal	zygomatic

"T" TiMe

Q	G	M	G	N	I	O	O	T	T	A	T	N	J	H	T	E	E	T	B
H	X	R	M	O	Q	S	R	C	Y	E	J	T	W	E	Y	A	K	A	O
T	Q	A	Y	P	O	E	G	Z	M	I	B	I	C	P	E	P	Q	C	N
H	R	N	R	M	Z	O	M	P	T	N	U	B	D	I	O	R	Y	H	T
R	D	Q	T	O	M	G	E	I	S	A	N	I	B	Q	S	S	A	Y	M
O	E	D	H	A	H	R	C	V	T	R	C	A	G	S	B	N	M	P	K
M	L	Q	Y	E	A	T	A	T	X	C	V	H	E	T	Y	G	H	N	N
B	M	K	M	T	P	L	O	W	E	D	S	N	Y	X	C	T	F	E	T
O	R	D	U	V	B	N	M	M	I	O	R	L	Q	C	R	D	S	A	Z
C	C	R	S	E	G	S	Z	W	U	E	T	F	G	A	A	R	D	C	V
Y	E	E	S	U	W	T	Q	D	D	E	H	Y	N	D	C	R	E	N	M
T	Z	W	E	S	T	E	N	N	Y	R	N	S	V	B	N	D	D	I	O
E	N	D	S	S	Z	S	E	S	F	R	P	P	G	H	A	N	M	I	K
M	O	O	P	I	T	T	E	D	N	O	Z	X	N	N	F	R	T	Y	A
P	I	C	V	T	N	I	K	I	R	O	L	Q	O	O	D	S	A	Z	E
O	T	H	T	O	U	C	H	T	N	M	D	P	O	P	I	Q	W	E	H
R	C	A	Q	T	F	L	H	Y	R	D	M	N	B	N	M	S	I	O	C
A	A	D	X	E	S	E	W	A	Q	A	F	G	E	Y	R	D	N	V	A
L	R	R	E	F	S	N	A	R	T	E	S	Z	W	T	Q	T	F	E	R
M	T	K	N	I	J	U	H	B	S	I	T	I	L	L	I	S	N	O	T

Edutainment by JORj

tachycardia	temporal	thymus	tonsillitis
tachypnea	tenderness	thyroid	touch
tamponade	tendons	tibia	trachea
tattooing	tension pneumothorax	time	traction
teeth	testicle	tissue	transfer
temperature	thrombocyte	tongue	transport

Put Your Back Into It

L	H	J	N	B	C	U	R	V	A	T	U	R	E	T	Y	P	H	B	N
P	O	K	U	L	H	J	N	B	V	Z	C	S	X	E	W	E	R	T	Y
V	S	Y	J	S	A	C	R	U	M	H	L	N	B	V	Z	D	S	R	E
O	C	P	H	P	K	R	G	N	I	D	A	O	L	L	A	I	X	A	B
Y	O	H	I	I	M	A	M	W	H	I	K	V	R	N	J	C	P	N	A
K	L	O	O	N	P	B	Y	E	E	Z	U	M	S	D	W	L	I	S	X
H	I	S	M	A	O	M	U	O	N	P	Q	P	V	E	O	E	M	V	I
F	O	I	Y	L	H	U	N	M	J	I	I	U	O	L	V	S	Y	E	S
E	S	S	A	C	X	L	S	F	L	N	N	G	N	A	N	M	I	R	I
C	I	W	E	O	S	A	Z	P	A	A	F	G	C	E	G	H	B	S	M
O	S	P	L	L	W	E	D	L	R	Z	M	N	E	F	M	T	Y	E	H
C	C	V	B	U	M	K	C	E	P	O	O	I	E	S	S	A	Z	P	C
C	G	H	Y	M	D	O	A	B	N	C	C	I	N	P	L	Q	R	R	D
Y	X	E	S	N	R	R	Q	T	F	G	H	E	R	A	C	V	B	O	M
X	F	C	R	D	B	E	S	Z	L	A	Q	T	S	G	E	Y	R	C	F
M	O	K	N	E	J	U	H	B	Y	A	T	F	C	S	D	X	E	E	Z
N	I	J	T	H	O	R	A	C	I	C	S	D	X	E	S	Z	W	S	Q
P	L	R	O	K	N	I	J	U	C	E	R	V	I	C	A	L	D	S	E
J	E	H	B	O	D	Y	F	C	R	D	X	E	S	Z	W	A	Q	T	F
V	F	V	P	L	M	O	K	N	I	J	U	H	X	E	V	N	O	C	R

Edutainment by JORj

atlas	concave	lordosis	spinal column
axial loading	convex	lumbar	spinal cord
axis	curvature	meninges	spinous process
body	foramen	pedicles	thoracic
cervical	kyphosis	sacrum	transverse process
coccyx	laminae	scoliosis	vertebrae

Answer Keys

Diggin' Up Bones

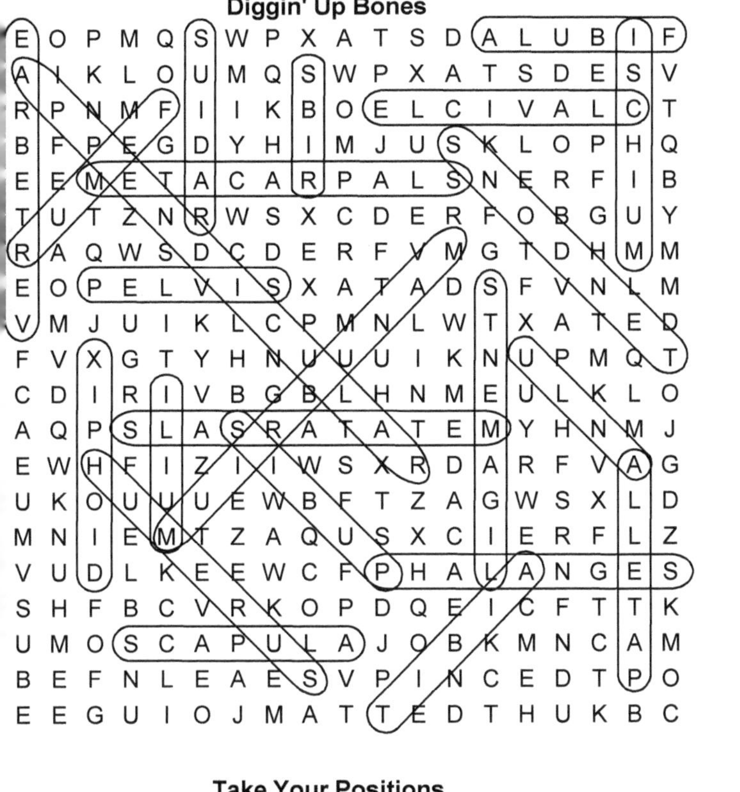

It's Alimentary

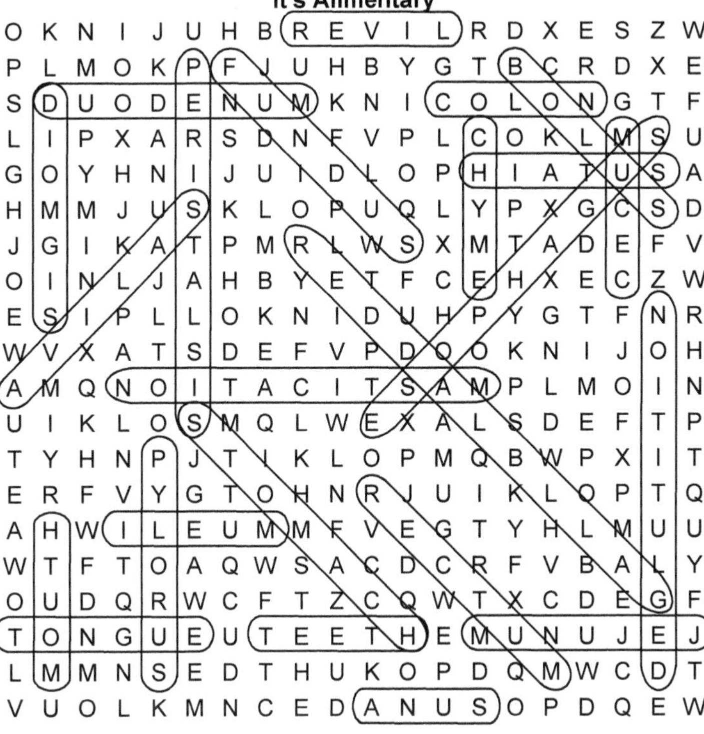

Take Your Positions

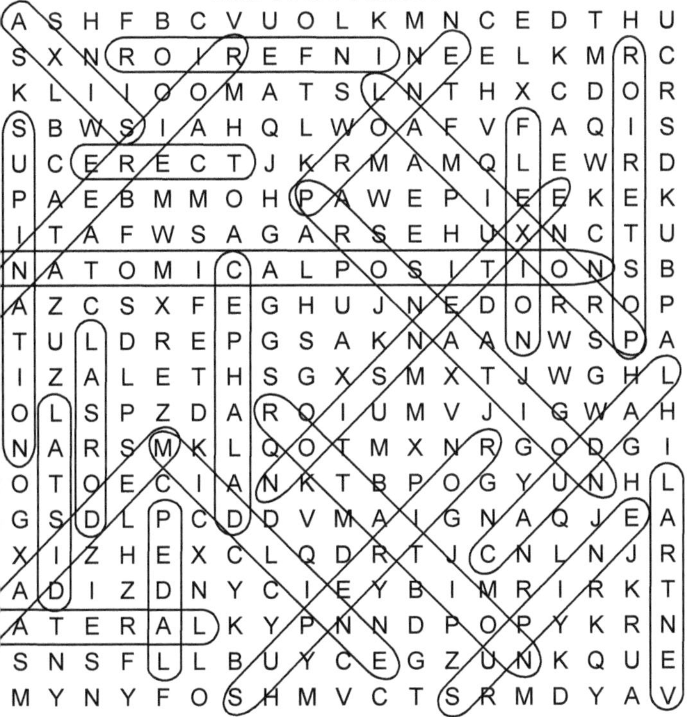

Think About It

K E P D Q E W S Y N A P S E S X C D E R
E D A H U D O P M Q E A C F T Z A T H S
F E U R L K I N M E D R H U K O P N T E
X N F B S V U E E K T A C E D T H E A H
T D I U L F L A N I P S L A R B E R E C
M R C E D T H U I C F Y N V U O L E H U
O I K E N C T D N P E M R I H F B F S O
C T U N L K N N G B C P U O A K M F N T
S E R I H F E Y E S U A H N Q R S E I I
O S S L N L R A S K S T C A D T B U L N
M O T O R I E J S Y X H R V L S N D E T
A O U H F V F S M I O E Y G U O D Z Y E
Y H K C N A F P Z S H T B Y X G N M M R
O K N L A S A A J E B I X A M T G V L N
K U H Y U T Y P O N P C G W B N S C M E
I L A T H N L Y A S N O R U E N C Q O U
U A M E D U L L A O B L O N G A T A D R
A T T C T Q E Z B R Z M O T N V Q B Y O
X I F A E D M O Q Y M G V N W C T O B N
C F X E V M S B H Y P O T H A L A M U S

First Impressions

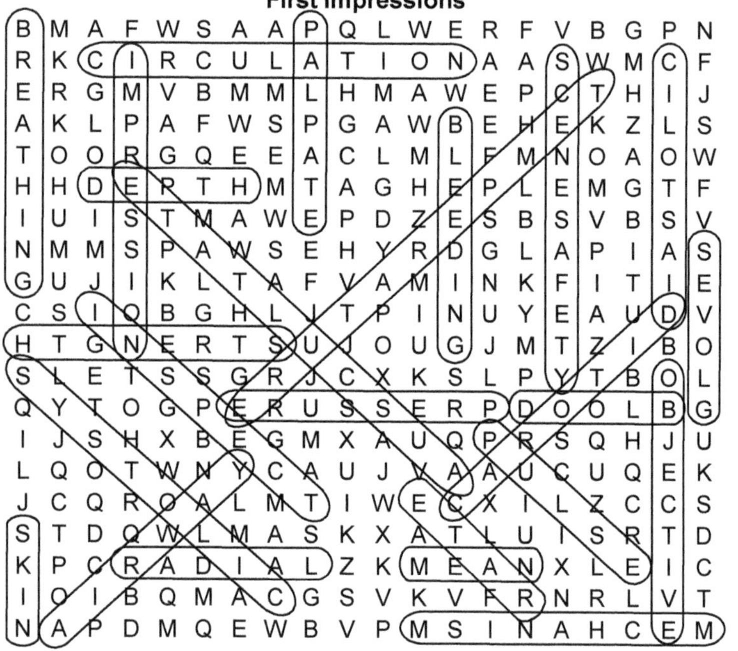

Ouch!

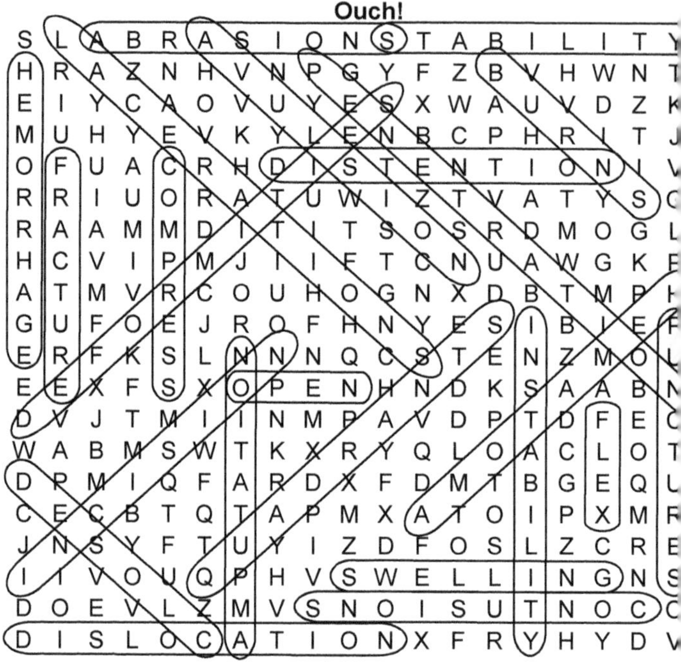

"A" is for Apple, and...

```
A B R A S I O N S H O V C T E W M A Q A
U A W F N O B Z N Z H Q J C Y I A B D T
F B D T R I U F L A N E R D A A O D T A
X A C E T Y L C H O L I N E A V U U C L
Q N T R N B V L S F S H M A C C C C F P
A D U L T O N S E T F S A U T B E T Z H
N O S O T E S S I A J L S I B L X I C A
V N K A B N Z I C W A W O E E L N O M C
M M X D G Q E U N A Z N W R O U A N V E
Z E H L A U T C A E N R A L E L V F X L
A N R B W E Q A W C Y T I D L T E N P L
Y T M S O T A P G L I D L E H I U B S S
A S K I A Y L Y R O L D R H Q L F B E N
B L Z S Q J A C N R E G R O S O T E L Q
T G S O K W F Y Y G I F C E D E E S Z A
W B V D R A M O U E B Y G T F V R D X C
E V B I U F C S S I S O L Y K L A G T I
N T A C A B D O M E N P L M O A U I J D
J Y P A X W A R I K L O P M Q L W X X S
A E R U B C P T N E R E F F A X A T S D
```

"C" You Later, Alligator

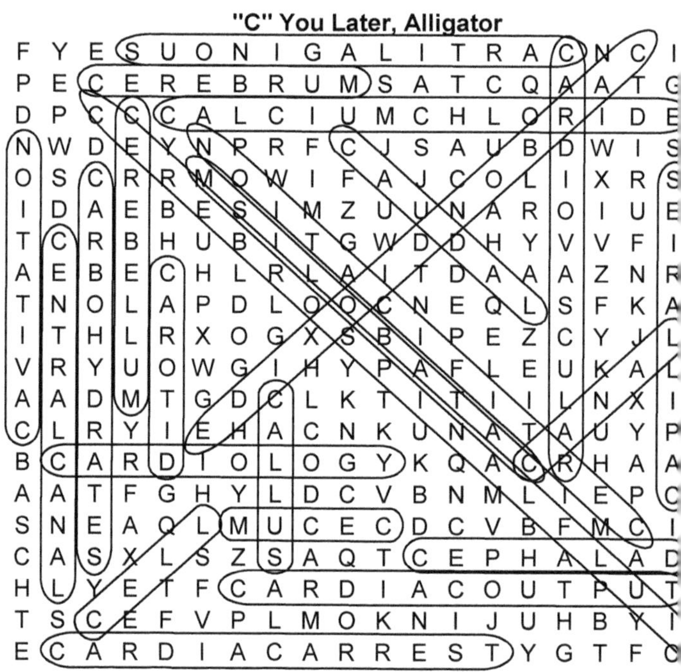

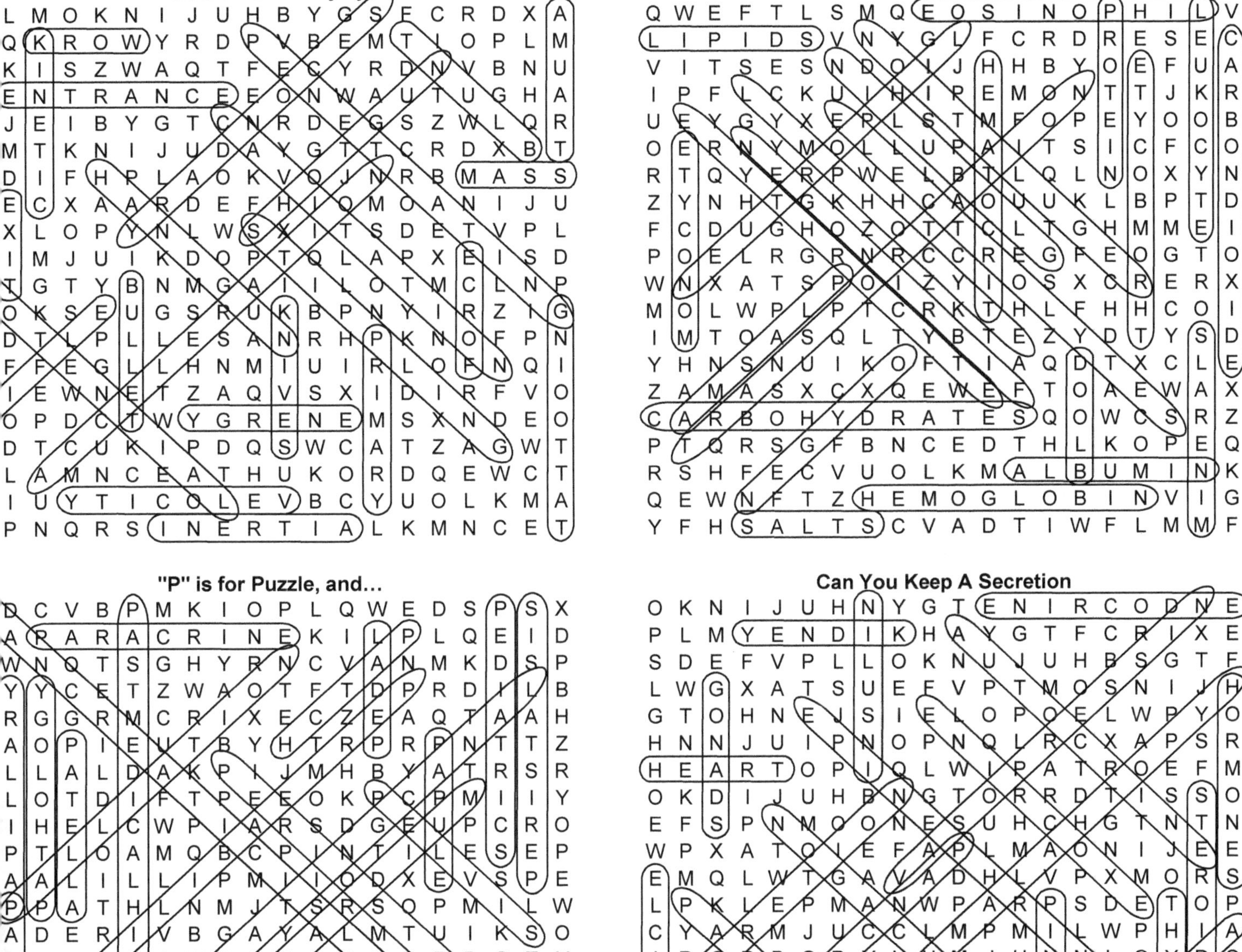
Mechanism of Injury
Blood Is Thicker Than Water
"P" is for Puzzle, and...
Can You Keep A Secretion

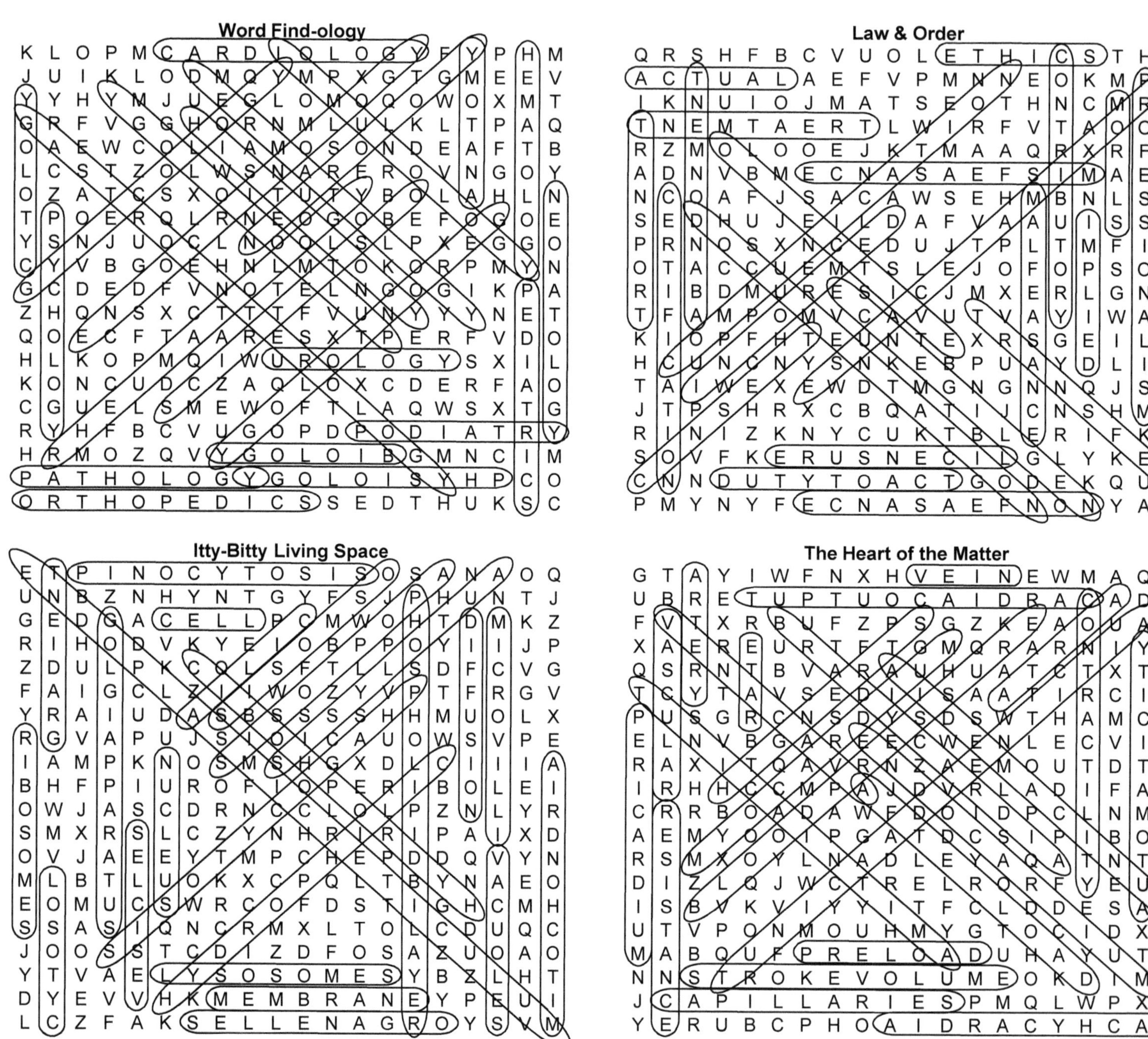
Word Find-ology
Law & Order
Itty-Bitty Living Space
The Heart of the Matter

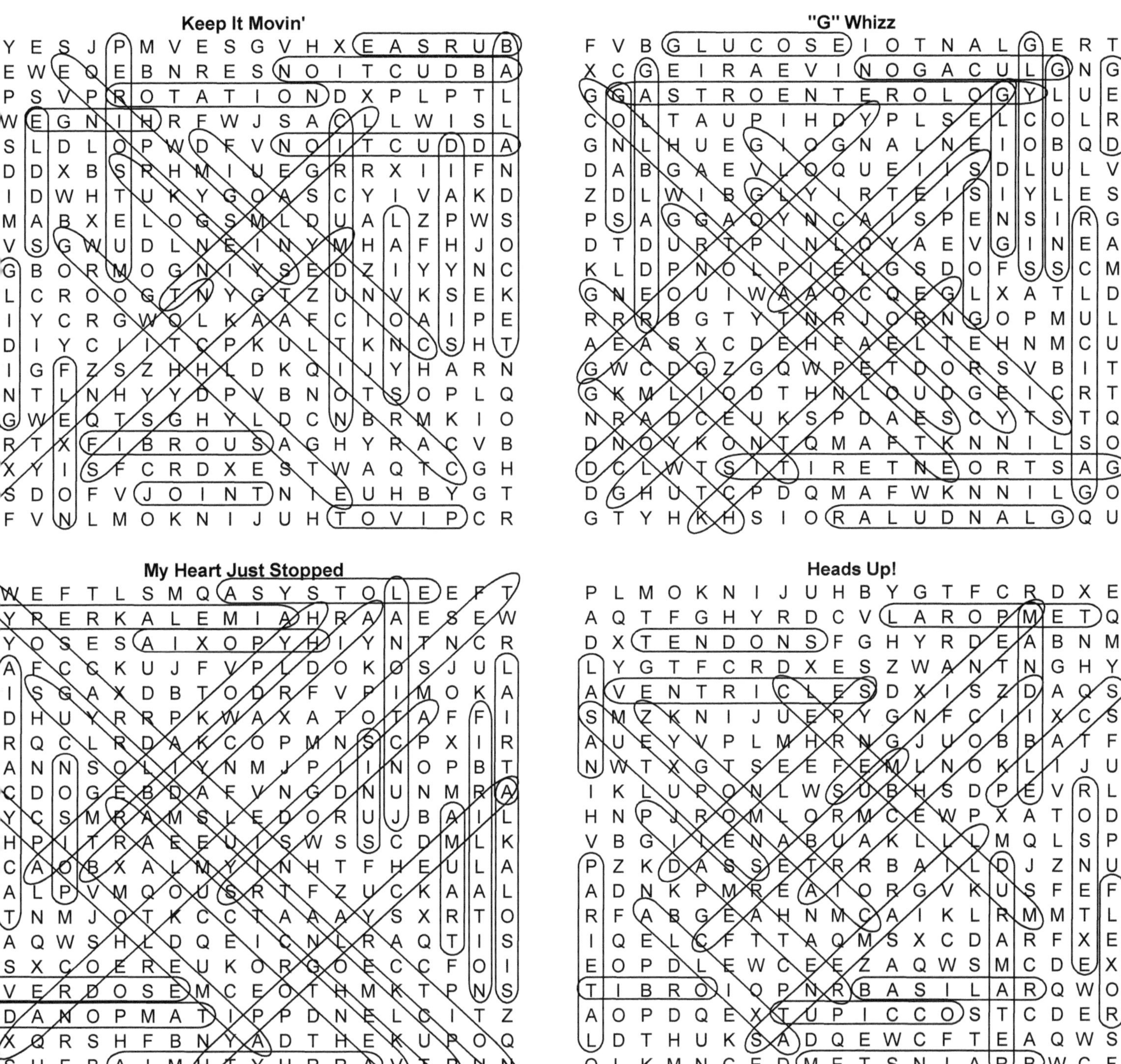
Keep It Movin'
"G" Whizz
My Heart Just Stopped
Heads Up!

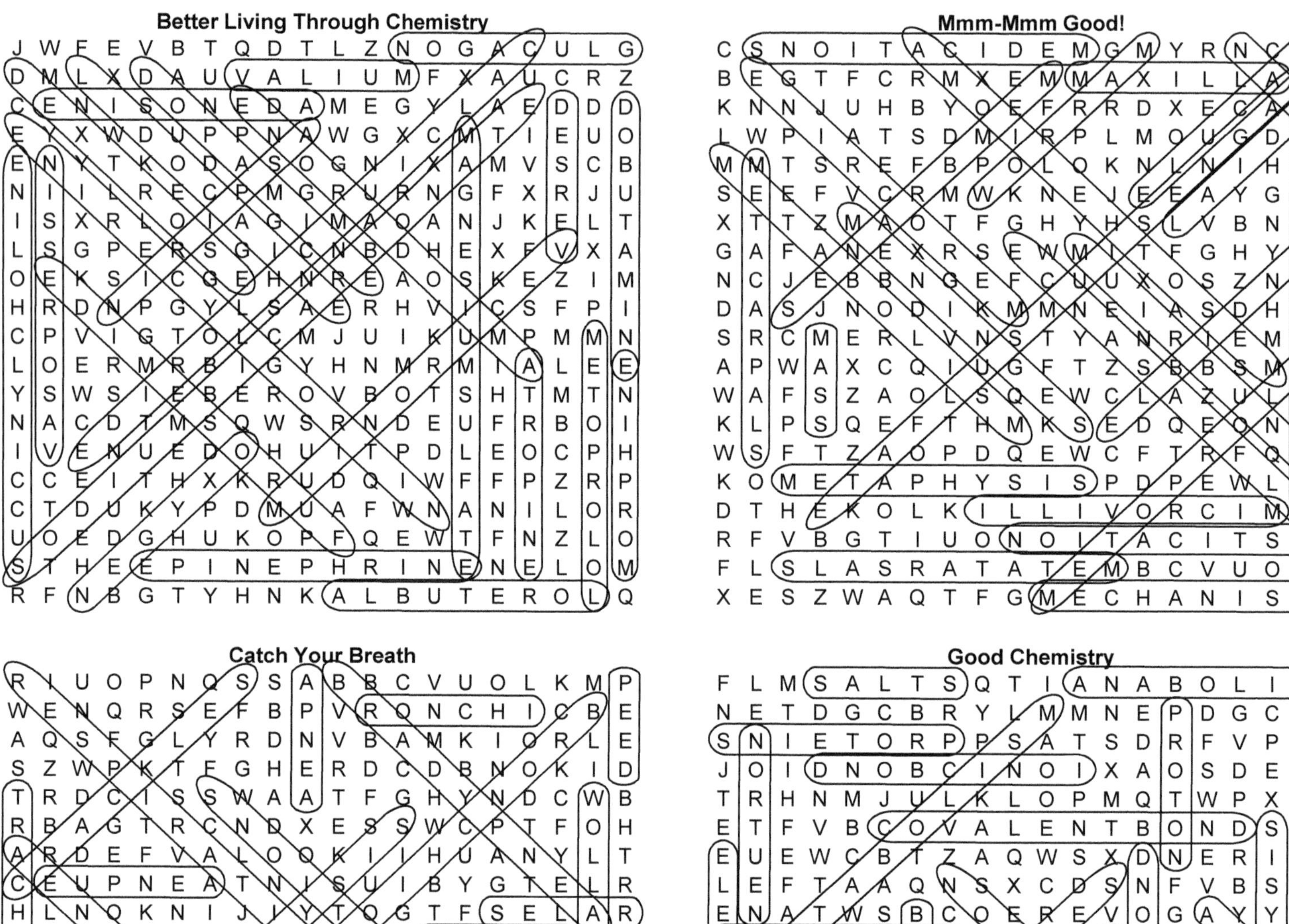
Better Living Through Chemistry
Mmm-Mmm Good!
Catch Your Breath
Good Chemistry

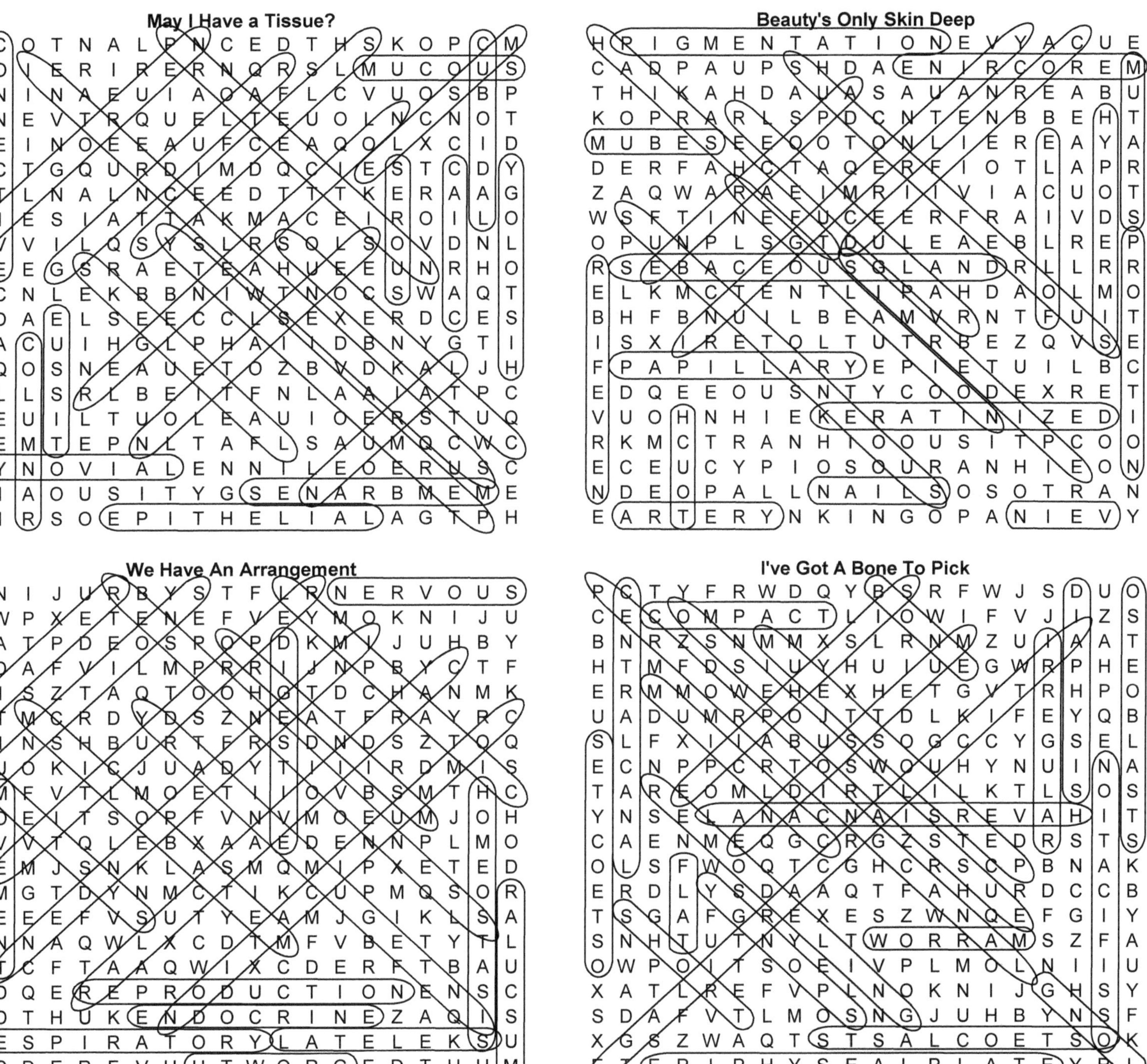
May I Have a Tissue?
Beauty's Only Skin Deep
We Have An Arrangement
I've Got A Bone To Pick

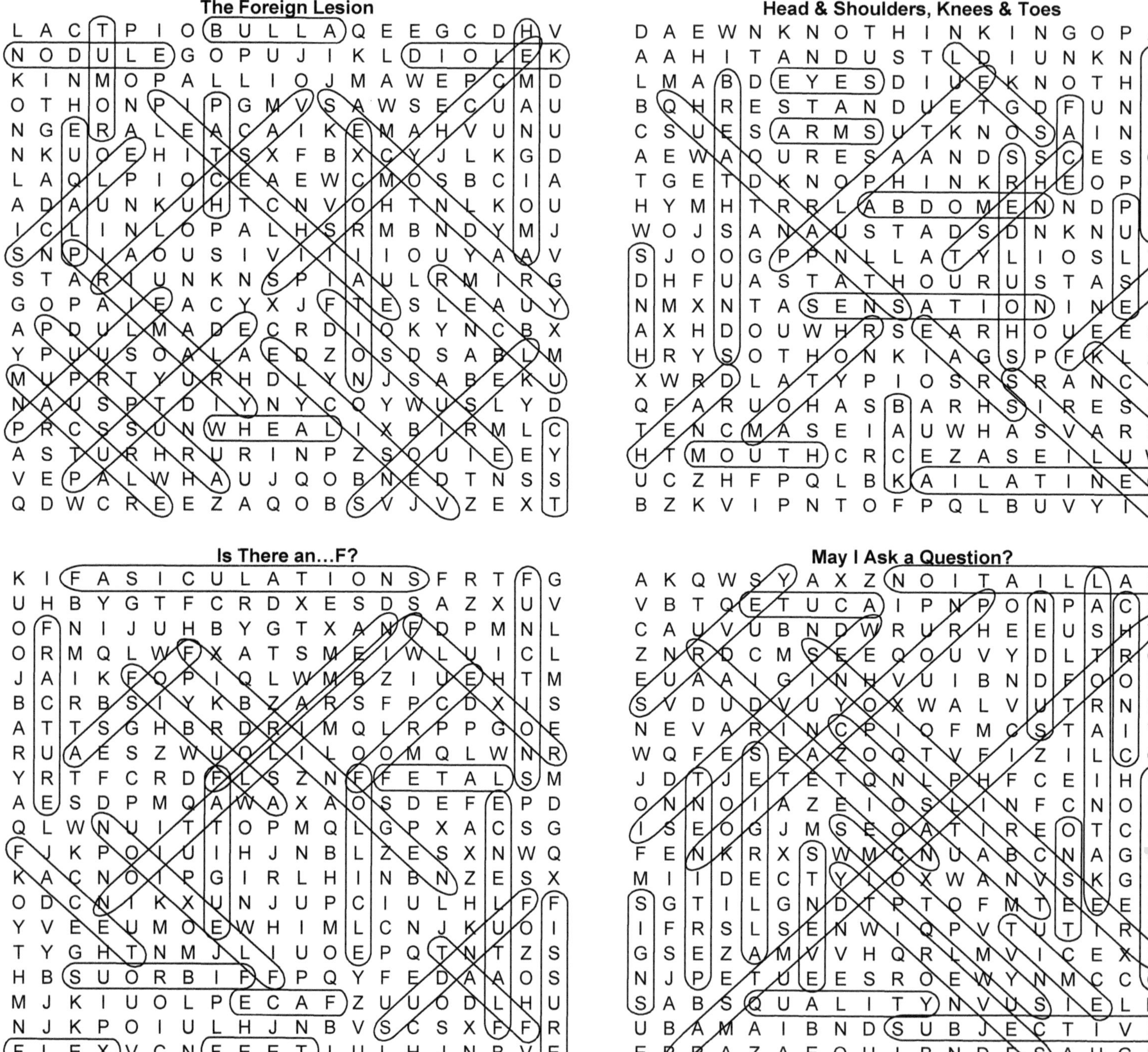
The Foreign Lesion
Head & Shoulders, Knees & Toes
Is There an…F?
May I Ask a Question?

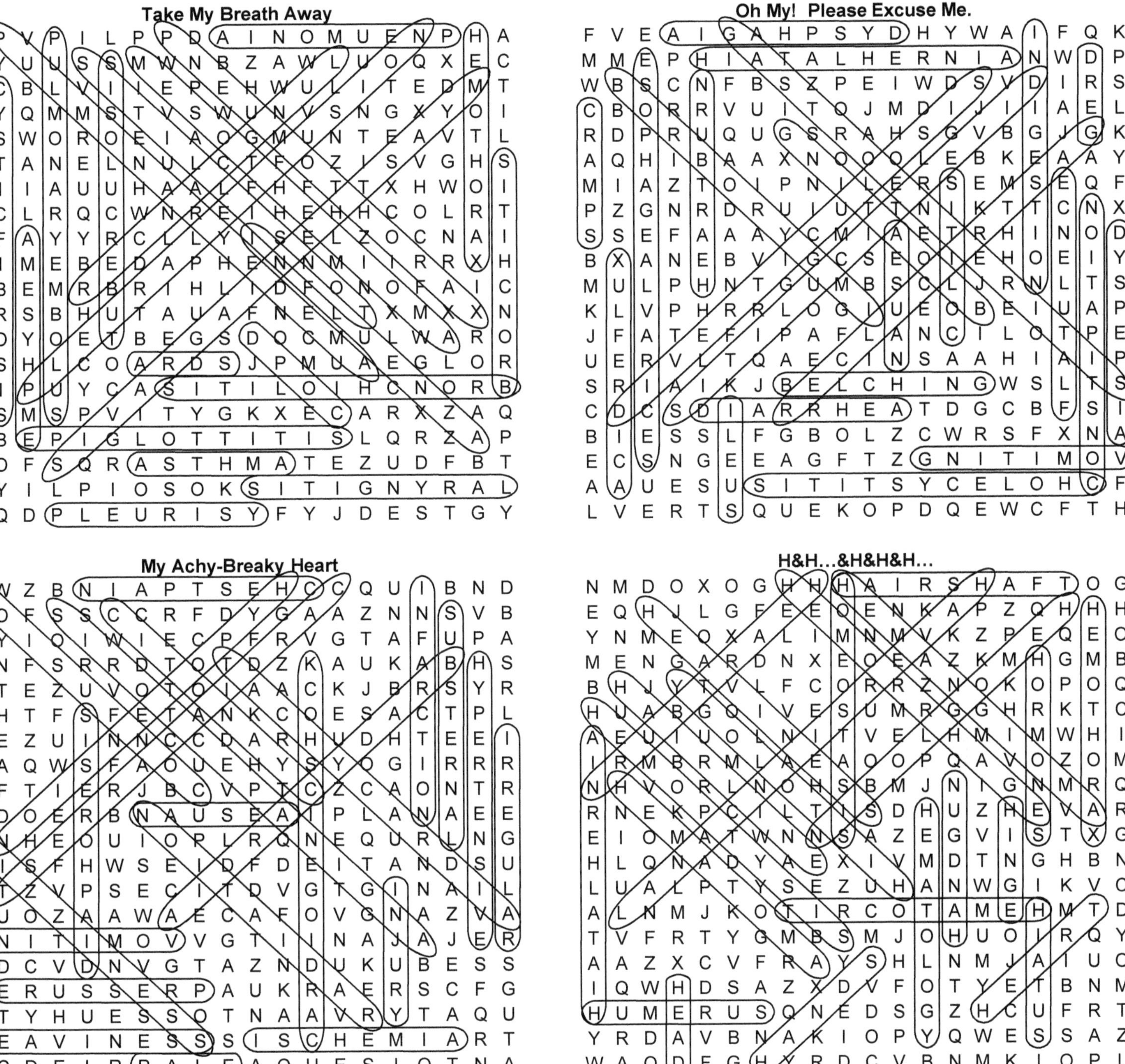
Take My Breath Away
Oh My! Please Excuse Me.
My Achy-Breaky Heart
H&H…&H&H&H…

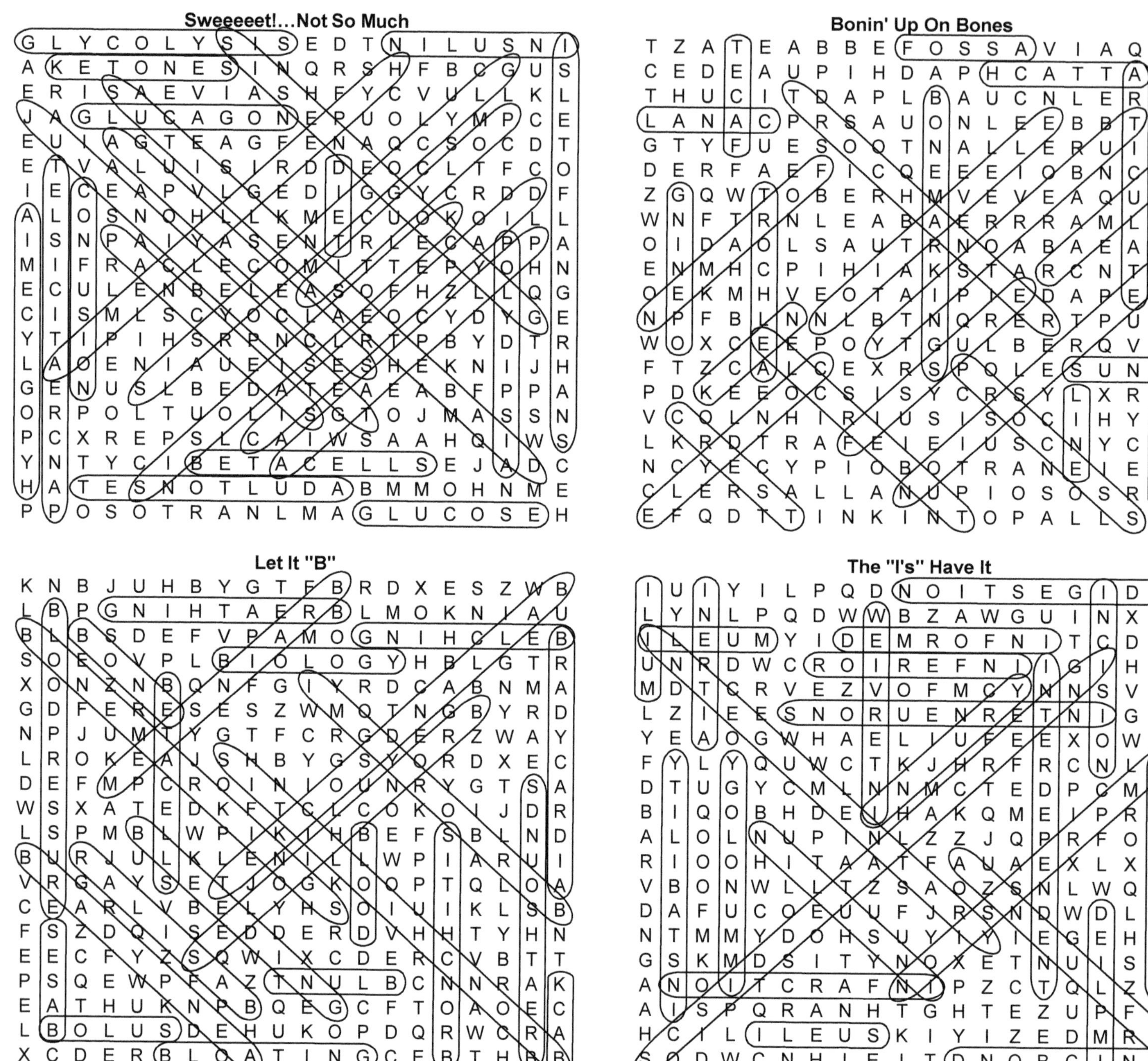
Sweeeeet!...Not So Much
Bonin' Up On Bones
Let It "B"
The "I's" Have It

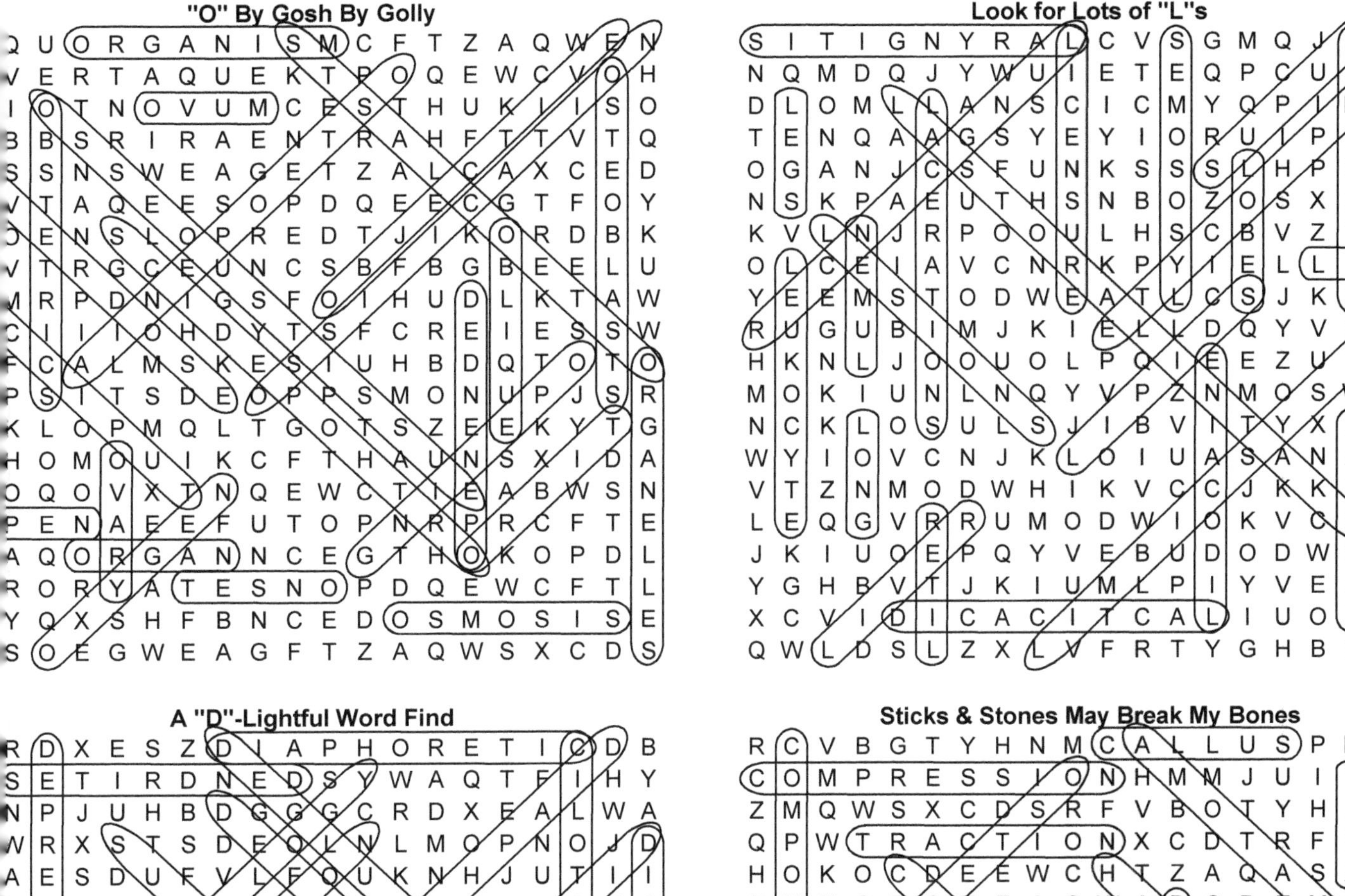
"O" By Gosh By Golly
Look for Lots of "L"s
A "D"-Lightful Word Find
Sticks & Stones May Break My Bones

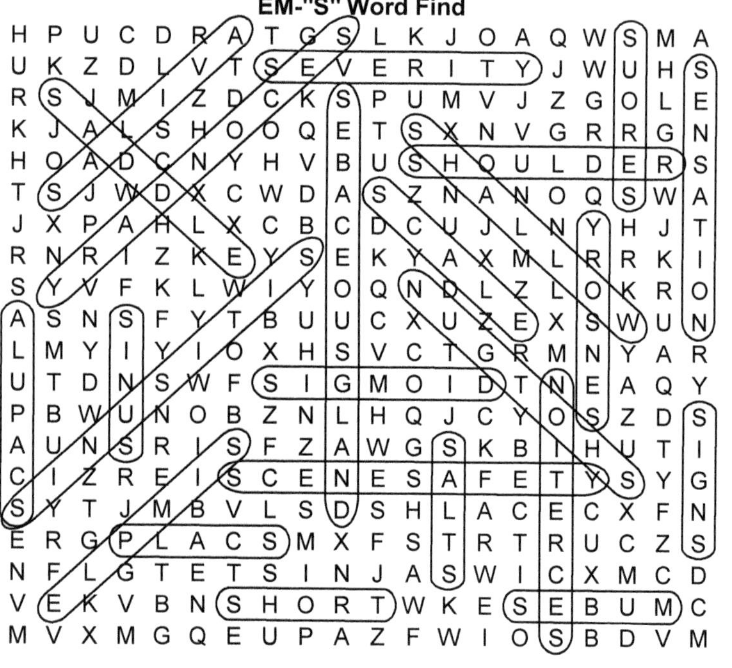

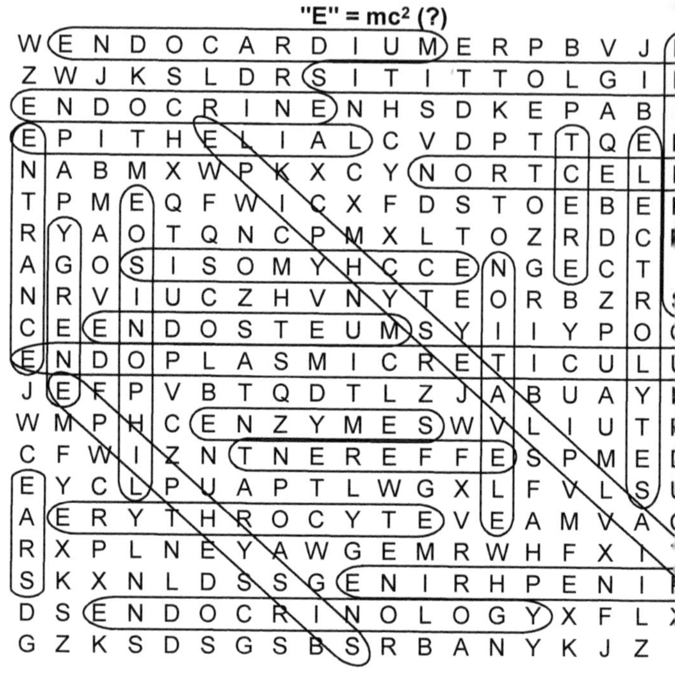

Readin', 'Ritin', and...

```
Z I R O R G M R A R G R E L W D V F X S
A W R H W E Q A A G Y N N D P Q E N E S
Y I M K E T S D G L X O I S H P Z L S N
A H K X A U I P R D I E R L Q T A S E O
B C Z K S A M C I T E L A O E R T E N I
T N S L T S F A C R R F M R D D Y S Z T
W O V I A A E U T I A Y U T F R O D X C
E R O Q U I D N B O N T S U O B Y M T A
N N E S F O D O E F L P I T O K N I E E
J Y B P R W S A I V L O A O Q L O P R R
Y I R P R O P H R P I R G W N X I T E D
R W E F M O S M Q L I S X Y T S T E P V
H R W E Z B D A Y P T F N R D X A S A W
V I S S E S B U S I J U H O Y G R F I R
I M H T Y H R E C T U M M O P N E J R H
E H Y G N X R B T T D E F V P S N O K N
O L H R A T E P N O I T A L U G E R V P
R N F C L R E W K L O V M Q L W G R A T
R E T I C U L A R N M J E I K L E P M Q
F Q D N R T H Z R F V S U I D A R M J U
```

Odds & Ends

```
V C B O P X K G V C Y Z P J O I N T
J R C R O E G X H Y N D Y L E H K W
M E Y C T G W D L K T J F G I K S X
Z G J O C I O U E N K U I O O I U P
B Q N U Z C R H T Z D V Q F S M H A
A E T F N H R R Q C I E N O K O A P
S Z W A Q U A G H U R N D V I N W T
C R U X E S M W U Q A I I D Y R H C
W O R K T F W R D U C L Z T A Q E F
T S I E F V O L M A K E I J A H E Y
E F N P L L L K O D J O H T Y R Z F
U L A O O N L T U R B N G T Y C E D
L Q R G G H E R D A V S N M S I S K
N X Y S K K Y Q T N G E Y R E C V I
A Y G T F E R D X T S T W A V T F D
I J U H B U L T F S R D X C I T E N
L W H E A L J O H B Y G Y F N R D E
S D E F V C L M I K N I A U K B Y Y
L W P X A E S D E D V P R M O K N I
I K L O P R Q L W P X A X S D E F V
```

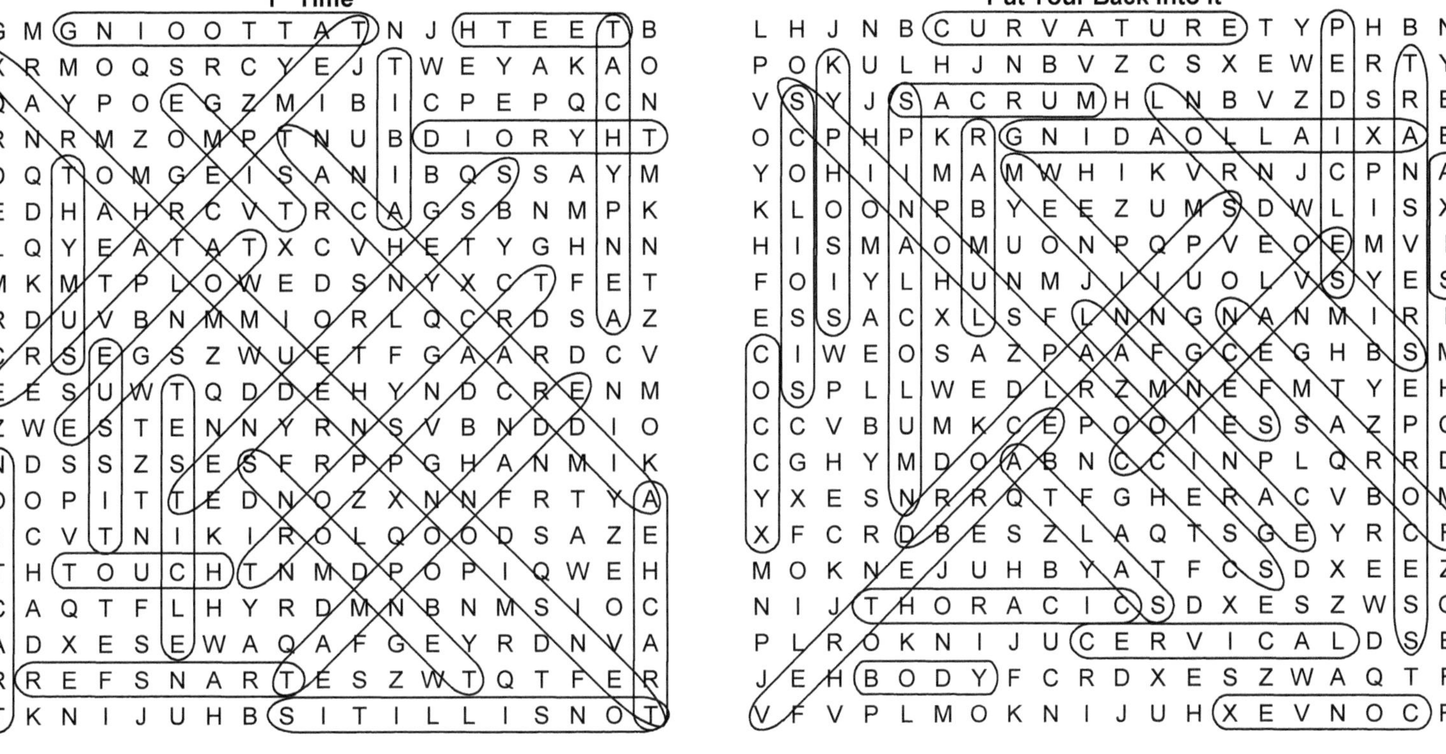
"T" Time
Put Your Back Into It

Glossary

A

abandonment *stopping treatment of a patient without a competent replacement*

abdomen *area of the body between the thorax and pelvis*

abduction *movement of a limb away from the midline*

abrasion *traumatic removal of superficial layers of skin*

acceleration *rate of change in velocity*

acetylcholine *a parasympathetic neurotransmitter*

acid reflux *abnormal back-up of stomach acid into the esophagus*

acidosis *pathological condition resulting from the build up of acid in the blood and body tissues*

acids *a compound that yields hydrogen ions when dissolved in water*

actual hypovolemia *loss of blood volume from the vascular space; also referred to as absolute hypovolemia*

acute *the rapid onset of a disease or condition*

adduction *movement of a limb toward the midline*

adenosine *naturally occurring compound used in a variety of medical applications; commonly used to treat supraventricular tachycardia*

adrenal *means "on the kidneys", and refers to the adrenal glands or their secretions*

adult-onset diabetes *older term for type-II diabetes mellitus*

afferent *carries inward, such as nerve impulses from the body to the brain*

afterload *the pressure the heart must overcome to pump blood out*

airway *passageway for the movement of air in and out of the lungs*

albumin *most common protein in blood plasma*

albuterol *a bronchodilator used in the treatment of reversible obstructive airway diseases, such as asthma.*

alkalosis *pathological condition resulting from the build up of alkalis in the blood and body tissues*

allergies *abnormal immune system reactions to any of a variety of substances*

alpha cells *pancreatic cells that produce glucagon*

alveoli *small air sacs in the lungs where gas exchange occurs; singular is alveolus*

amiodarone *medication used in the treatment of tachyarrhythmias*

amputation *removal of a limb or body part, either surgically or unintentionally*

anabolism *metabolic reaction that builds simple substances into more complex ones*

anatomical position *standing erect, palms forward, it is the position referenced when using directional terms*

anatomy *study of the body organs' position and structure*

angina pectoris *means "suffocating chest"; refers to chest pain precipitated by increased effort or excitement, and reversible with rest and/or nitroglycerine; can be classified as stable or unstable based on predictability, causes, and duration.*

anterior *toward the front*

anus *external opening of the rectum*

aorta *large artery that carries blood away from the left ventricle and into the body*

apnea *not breathing*

apocrine *large branched sweat gland; secretions produce an acrid odor after puberty*

apoptosis *natural process of cellular self-destruction; aka: programmed cell death*

appendicular *portion of the skeletal system that includes the upper & lower limbs, and the supporting thoracic and pelvic girdles*

arachnoid *web-like middle layer of meninges, between the dura mater and pia mater*

ARDS *abbreviation for adult respiratory distress syndrome;*

arms *common term for the upper extremities*

arrhythmia *abnormal heart beat*

artery *blood vessel that carries blood away from the heart*

articular cartilage *cartilage covering the ends of bones that form a synovial joint*

articulate *forming a joint*

aspirin *medication used for a variety of purposes, including that of an analgesic, antipyretic, anti-inflammatory, and antiplatelet.*

asthma *chronic lung disease characterized by recurring, sudden attacks of bronchoconstriction*

asystole *absence of all cardiac electrical activity*

atoms *smallest unit of an element that still retains its properties; consists of protons, neutrons, and electrons*

atrial *refers to the upper chambers of the heart*

atropine *medication that blocks parasympathetic stimulation; and anticholinergic*

attach *to secure, join, or fasten to*

auscultate *to listen, usually with a stethoscope*

autocrine *hormone communication in which the product of the secreting cell stimulates the secreting cell*

autolysis *self-destruction of tissues or cells*

automaticity *the heart's ability to spontaneously generate it's own electrical impulse*

avulsion *tearing, or pulling, away of a part of a body structure*

axis *1. a line through the center of a body; 2. the second cervical vertebra*

axon *long portion of a nerve cell that conducts impulses away from the cell body; larger ones are covered by a myelin sheath*

B

back *the posterior part of the trunk*

ball and socket *a type of joint; an example is the hip joint. Aka: spheroidal joint*

base *a compound that yields hydroxide ions when dissolved in water*

basilar *referring to the base of the skull*

belching *act of drawing up air from the stomach and expelling it through the mouth; is referred to medically as eructation*

beta cells *the pancreatic cells that produce insulin*

biology *the science of life and of living organisms*

bleeding *hemorrhage; the loss of blood from the vascular space*

bloating *lay term for post-prandial fullness, or swelling, of the abdomen*

blood *red bodily fluid circulating through the body's vasculature; composed of various solid components, including erythrocytes, leukocytes and thrombocytes, suspended in plasma, it's liquid component*

blood pressure *the pressure exerted on the vessel walls by the blood*

blunt *type of trauma that does not penetrate the skin*

bolus *1. rounded mass of food passing through the gastrointestinal (GI) tract; 2. a single, relatively large IV dose of medication or fluid*

bone *rigid connective tissue, composed mostly of calcium salts, that forms the body's skeleton*

bone markings *the external landmarks, or surface features, of bones*

borborygmi *rumbling noises caused by the movement of gas through the intestines*

bradycardia *a slower than normal heart rate, usually less than 60.*

bradypnea *slow breathing*

brain stem *portion of the brain that connects the cerebral hemispheres to the spinal cord; comprised of the medulla oblongata, midbrain, and pons*

breath sounds *aka: lung sounds; usually assessed with the aid of a stethoscope*

breathing *the exchange of air between the lungs and the environment; aka: ventilation*

bronchioles *small tubes that branch off of the bronchi, extend into the lobes of the lungs, and end with the alveolar sacs*

bronchiolitis *inflammation of the bronchioles*

bronchitis *inflammation of the bronchi*

bulla *superficial, elevated skin lesion containing serous fluid; less than 2 cm in diameter; example: a blister*

bullet *a projectile, usually a metal ball or cylinder, expelled from a firearm*

burns *traumatic injuries caused by heat, chemicals, or radiation*

bursae *closed, fluid-filled sacs lined by a synovial membrane; found in "high-friction" areas, such as where a tendon passes over a bone*

buttocks *the two rounded, fleshy prominences formed by the gluteal muscles on the lower part of the back*

C

calcium chloride *electrolyte used to treat various conditions, including hypocalcemia and hyperkalemia*

callus *the hard bony tissue that forms over the end of a fractured bone as it heals*

canal *a narrow channel or tube-shaped passage*

capillaries *thin-walled, microscopic, permeable blood vessels linking arterioles to venules*

carbohydrates *compounds such as sugars and starches*

carbon dioxide *compound produced during cellular metabolism and eliminated by the lungs*

cardiac arrest *sudden onset of apnea and pulselessness*

cardiac output *the amount of blood pumped by the heart each minute (stroke volume x heart rate)*

cardiogenic shock *hypoperfusion caused by the heart's inability to function properly*

cardiology *the study of the heart's structure, function, and dysfunction*

cardiovascular *related to the heart and blood vessels*

carotid *the two major arteries that carry blood to the head*

cartilaginous *comprised or cartilage*

catabolism *metabolic reaction that breaks complex substances down into simple ones*

caudal *toward the "tail", or feet; inferior*

cavitation *rapid formation and collapse of a "bubble" in tissue as a high-velocity projectile passes through it*

cecum *beginning of the large intestine, distal to the ileum; the appendix is attached here*

cell *smallest unit in a living organism*

central canal *another name for Haversian canal*

cephalad *toward the head*

cerebellum *trilobed structure of the brain responsible for voluntary muscle movement and maintenance of posture and balance*

cerebrospinal fluid *serum-like fluid made within the brain; used for nutrient transport, as well as a "shock absorber," for the brain and spinal cord*

cerebrum *the main portion of the brain; controls and integrates higher mental functions such as though, emotion, and reason*

certification *the process by which a non-governmental organization grants recognition to an individual who has met predetermined qualifications specified by that organization*

chemical *material produced by or used in a reaction involving changes in atoms or molecules*

chest *the part of the body between the neck and abdomen; the thorax*

chest pain *pain located in the chest for any of a variety of reasons; some of the "deadly diagnoses" include myocardial infarction, aortic dissection, esophageal rupture, and pulmonary embolus*

cholecystitis *inflammation of the gall bladder*

chondrocytes *cartilage cells*

chronic *a disorder or disease that develops slowly and lasts for a long time, potentially for the rest of the patient's life*

chyme *semifluid mass passed from the stomach into the duodenum for further digestion*

cilia *hair-like processes that extend out from a cell's surface*

circulation *the movement of blood through the cardiovascular system*

circumduction *movement of a body part in a circular direction*

clavicle *bone that articulates with the sternum and scapula, forming the anterior portion of the shoulder girdle; aka: collar bone*

closed *an injury that does not break through the skin, such as a closed fracture or hematoma*

colitis *inflammation of the colon*

colon *the part of the large intestine from the cecum to the rectum*

columnar *an elongated epithelial cell*

comminuted *type of bone fracture in which the bone has been broken into fragments*

communication *1. exchange of information; 2.an opening between two structures*

compact *the normal type of adult bone organized in layers, arranged either concentrically or in parallel; aka: lamellar bone*

compound *1. combination of two or more elements; 2. an open fracture*

compression *act of pressing upon or together*

condyle *rounded projection at the end of a bone for articulation with adjacent bones*

condyloid *resembling a condyle*

confusion *disorientation to person, place, and/or time*

connective *structural tissue that binds and supports other types of body tissues and parts*

consent *agree to care; can be actual or implied*

constant *unyielding and unchanging*

constipation *condition in which bowel movements occur less frequently, and consist of hard, dry stool that is difficult to pass.*

contractility *how strong the heart beats*

contributory *type of negligence in which the victim himself plays a contributing role in the injury*

contusion *bruise*

COPD *abbr. for chronic obstructive pulmonary disease*

cornified *tissue that has been keratinized*

covalent bond *chemical bond formed by the sharing of one or more electrons*

crackles *abnormal breath sounds; may be due to fluid present in the air passages*

cramps *painful, spasmodic muscular contractions*

crest *a projection or ridge on a bone*

crust *a secondary skin lesion resulting from dried sebum, blood, or other bodily fluid over the epidermis*

cuboidal *an epithelial cell that looks like a cube*

cutaneous *pertaining to the dermis, or "true skin"*

cyanotic *bluish discoloration of the skin due to a lack of oxygen in the blood*

cyst *elevated, encapsulated skin lesion in the dermis or subcutaneous tissue; filled with a liquid or semi-solid material*

cystic fibrosis *inherited disease that affects the body's ability to move salt and water in and out of cells.*

cytology *the study of cells*

cytosol *the liquid medium of the cytoplasm*

D

decomposition *the chemical breakdown of organic materials*

deep *situated far beneath the surface; not superficial*

deformities *distortion of a part of the body*

deglutition *medical term for the process of swallowing*

dendrites *branched protoplasmic extensions of a nerve cell; conducts impulses from adjacent cells in toward the cell body*

depression *1. a hollow or depressed area; 2. altered mood with feelings of sadness and despair*

depth *distance below the surface*

dermatology *medical specialty dealing with skin diseases*

dextrose *form of glucose available in a variety of solutions for intravenous (IV) administration*

diabetes mellitus *means "something sweet passing through"; a medical condition in which sugar in the blood cannot be absorbed into the cells; this is due to either the lack of insulin production by the pancreas, or failure of the cells to respond to the insulin*

diaphoresis *profuse sweating*

diaphysis *the shaft of a long bone*

diarrhea *frequent, watery stool*

diastolic *refers to the heart at rest*

diencephalon *part of the brain that binds the mesencephalon to the cerebral hemispheres; includes the thalamus and hypothalamus*

diet *the amount and kind of food and drink consumed by an individual*

diffusion *the movement of particles from an area of high concentration to an area of lower concentration*

digestive *body system responsible for the ingestion and absorption of food, and the removal of the unused waste products afterward*

dislocation *the displacement of a bone from its normal position within a joint*

displaced *removed from a normal position or location*

distal *farthest from the midline*

distention *state of being stretched out or enlarged; dilated*

diverticulitis *inflammation of a diverticulum (pouch in the colon); occurs when it fills with stagnant fecal material and becomes inflamed*

diverticulosis *condition in which there are several diverticula in the colon, but they are not inflamed*

dizziness *a feeling of imbalance, lack of coordination, or lightheadedness; also referred to as vertigo*

dobutamine *a synthetic catecholamine used as a medication (positive isotope) in the treatment of congestive heart failure and low cardiac output*

documentation *written record of events, such as a patient care report or hospital record*

dopamine *an endogenous catecholamine (sympathetic neurotransmitter made by the body) involved in several brain activities; used as a medication in the treatment of non-hypovolemia shock*

dorsal *related to the back*

duodenum *the first part of the small intestine, starting at the lower portion of the stomach, and continuing to the jejunum*

dura mater *the tough, fibrous outer layer of the meninges; means "tough mother"*

duty to act *the responsibility of medical personnel to render care; the specific legal definition may vary from state to state*

dyspepsia *difficulty digesting*

dysphagia *difficulty swallowing*

dyspnea *difficulty breathing; labored breathing*

E

ears *organs of hearing*

ecchymosis *bluish discoloration of the skin due to an accumulation of blood in the tissues*

efferent *peripheral nerves that carry impulses away from the brain and spinal cord*

electrolytes *salts and minerals within the body that conduct electrical impulses; common ones include sodium, potassium, calcium and magnesium*

electron *negatively charged sub-atomic particle orbiting an atom's nucleus*

elevation *to lift; also refers to increased lab values or vital signs, such as an elevated blood pressure, or elevated blood sugar*

emphysema *a chronic respiratory disease from any of a number of causes, such as smoking; the loss of alveolar elasticity results in over-inflation of the alveolar sacs, and makes it difficult to exhale adequately*

endocardium *the inner lining of the heart*

endocrine *body system consisting of the various glands that secrete hormones, or chemical messengers, within the body*

endocrinology *the study of the endocrine system and the hormones secreted by it*

endoplasmic reticulum *organelle made of a system of membrane-bound cavities within the cytoplasm; some have ribosomes, are referred to as rough endoplasmic reticulum and make proteins, while others are smooth (without ribosomes), and make lipids.*

endosteum *thin layer of cells that lines the bone marrow cavities and haversian canals*

energy *the ability to do work*

entrance *wound caused by a projectile going into the body*

enzymes *proteins produced by the body that serve as biochemical catalysts, starting and/or regulating certain chemical reactions within the body*

eosinophil *a type of white blood cell (leukocyte); some allergic and parasitic conditions can increase their count*

epidermis *outer layer of the skin*

epiglottitis *inflammation of the epiglottis*

epinephrine *endogenous catecholamine, also known as adrenaline, released when the sympathetic nervous system is stimulated; used as a medication to treat severe allergic reactions and cardiac arrest; included among its many effects are an increase in heart rate, strength of contraction and electrical conductivity, increased vasoconstriction, and bronchodilator.*

epiphyseal plate *also called the growth plate; the thin layer of cartilage between the metaphysis and epiphysis of a growing long bone*

epiphysis *the end of a long bone that articulates with an adjacent bone*

epithelial *protective layer of tissue that lines the inner and outer surfaces of the body; also aids in absorption and secretion*

erect *standing upright*

erythrocyte *red blood cell*

esophageal varices *varicose veins within the esophagus, result from portal hypertension arising from liver cirrhosis*
esophagus *tube of smooth muscle attaching the pharynx to the stomach*
ethics *standards of conduct for members of a professions (for example, medical ethics or legal ethics)*
eupnea *medical term for normal breathing*
events *occurrences preceding an injury or illness*
excoriation *an injury to the skin's surface, such as that from scratching*
exit *wound caused by a projectile leaving the body*
exocrine *a type of secretary gland; it releases its secretions externally through a duct*
extension *straightening of a limb (as opposed to flexion, which is the bending of a limb at its joint*
extensor *muscles that cause a limb to extend when stimulated*
eyes *organs of vision*

F

face *1. the anterior portion of the head from the forehead to the chin; 2. a presenting aspect of surface of an object*
facet *a small, smooth area on a bone*
fasciculations *involuntary muscle twitching*
fatigue *physical or mental exhaustion caused by stress or overwork; for example, muscle fatigue*
feet *the most distal portion of the lower extremities on which a person stands and walks*
femur *the longest and largest bone in the body, it extends from the pelvis to the knee*
fetal *refers to a fetus, which is a developing child which is still in the uterus*
fibrillation *cardiac arrhythmia caused by rapid, disorganized random contractions of the myocardium; ventricular fibrillation results in no cardiac output at all, while atrial fibrillation often has a pulse, but can lead to heart failure and possibly a stroke*
fibrinogen *a blood protein that interacts with thrombin to form fibrin; it is essential for blood coagulation*
fibrous *composed of fibers*
fibula *the smaller, more lateral of the two lower leg bones (the other is the tibia)*
fissure *a cleft or groove*
flat *a type of bone that is mostly smooth, flat, and usually slightly curved*
flatulence *excessive gas in the gastrointestinal tract; used to describe the expulsion of the gas through the anus with a characteristic sound*
flex *bend*
flexion *the bending of a limb at its joint*
flexor *a muscle that causes the flexion of a limb when it is stimulated*
follicle *a pouch-like depression or sac*
foramen *an opening, usually in a bone (for example, the foramen magnum in the base of the skull*
force *a quantity that changes the motion, size, or shape of an object; commonly referred to as a "push" or a "pull"*
fossa *a hollow or depressed area, such as the "antecubital fossa" in the middle of the arm*
fracture *a break, especially in a bone*
functions *the physiological purpose of an organ or part*
fundus *the part of a hollow organ furthest from its opening*
furosemide *a diuretic that acts at the Loop of Henle (hence, a "loop diuretic"); also known as Lasix*

G

gall bladder *located below the liver, it stores bile (gall) and secretes it into the duodenum of the small intestine when needed to emulsify fats*
gastric ulcer *a defect in the stomach wall caused by acid, digestive enzymes, and possibly bacterial infection*
gastroenteritis *inflammation of the stomach and intestines*
gastroenterology *medical specialty dealing with the stomach, intestines and other related organs, and their disorders*
genitalia *the organs of reproduction*
GERD *abbreviation for gastroesophageal reflux disease*
gerontology *the scientific study of all aspects of old age and the aging process; (geriatrics deals with diseases of the elderly)*
gland *organ formed by a collection of cells that secrete materials (hormones, for example) not related to their own metabolic needs*
glandular *pertaining to glands*
gliding *a type of joint--also called a "plane joint"--in which the articulating surfaces are flat or only slightly curved*
globulins *one of several types of proteins found in blood plasma and muscles*
gloves *shaped, protective covering for the hand in which all fingers are able to move independently (as opposed to mittens)*
glucagon *a hormone secreted by the alpha cells of the pancreas (in the islets of Langerhans) in response to low blood sugar; is used as an emergency medication in some cases of diabetics with hypoglycemia*
glucose *form of sugar that serves as the major energy source for the body; in combination with other ingredients it can be administered orally to raise a patient's blood sugar when they are hypoglycemic*
glycogenesis *the conversion of glucose into glycogen; the glycogen is then stored in the liver*

glycogenolysis *the conversion of glycogen into glucose through hydrolysis*
glycolysis *the generation of ATP through the conversion of carbohydrates into pyruvic acid*
golgi apparatus *cellular organelle made up of numerous flattened sacs; involved in the synthesis of a variety of proteins and enzymes*
gonads *glands that produce reproductive cells and sex hormones--testes in males and ovaries in females*
gradient *the rate of increase or decrease in a variable*
greenstick *type of bone fracture in children where one side breaks and the other side bends--not usually a complete fracture*
growth *the increase in the size of an organism through the addition of tissue similar to the original*
growth plate *another name for the epiphyseal plate*
gynecology *medical specialty dealing with diseases of the female reproductive system*

H

hair shaft *the part of the hair projecting beyond the skin*
hairline *1. where the hair begins on the head; 2. a type of bone fracture--a very narrow fracture line with no bone displacement*
handgun *a gun that can be held and fired in one hand*
hand *the most distal part of the upper extremities*
haversian canal *tiny longitudinal channel in bone tissue that contains blood vessels and nerve fibers*
head *1. the part of an organism containing the brain and special sensory organs; 2. the rounded proximal end of a long bone*
heart *a muscular, chambered organ that receives blood from veins and pumps it into arteries, maintaining the flow of blood through the body*
heartburn *the primary symptom of gastroesophageal reflux (the movement of stomach acid into the esophagus); described as a burning sensation in the chest, and can extend up into the neck and throat*
heaviness *common descriptor used to define the type of pain experienced in the chest during a heart attack*
hemangioma *a benign tumor made up of newly formed blood vessels*
hematocrit *measurement of the red blood cells (erythrocytes) present in the blood*
hematology *branch of medicine that studies blood and blood-producing organs*
hematoma *a localized swollen area filled with blood due to a broken blood vessel*
hemoglobin *the oxygen-carrying molecule located in erythrocytes (red blood cells)l each red blood cell contains approximately 3 million hemoglobin*
hemoptysis *coughing up blood or blood-tinged sputum from the lungs or airway*
hemorrhage *bleeding*
hemothorax *blood in the chest cavity*
hiatal hernia *protrusion of a portion of the stomach through the diaphragm's esophageal hiatus*
hiatus *an opening; the esophageal hiatus is the opening in the diaphragm that the esophagus passes through*
hinge *a type of joint that only allows movement in a single plane, like a door hinge*
histology *the study of tissues*
homeostasis *an organism's ability to maintain an internal environment conducive to life by adapting to environmental changes it encounters*
hormones *chemical messengers secreted by a variety of glands and organs within the body*
humerus *the long bone of the upper arm, extending from the shoulder to the elbow*
hydrogen bond *a type of chemical bond in which a hydrogen atom in one molecule is attracted to an electronegative atom of another*
hydrolysis *the decomposition of a chemical compound by reaction with water*
hydrophilic *having an affinity for water*
hydrophobic *water repelling*
hyperglycemia *higher than normal levels of sugar in the blood*
hyperkalemia *higher than normal levels of potassium in the blood*
hyperpnea *deep breathing*
hypertensive *higher than normal blood pressure*
hypodermis *aka: subcutaneous*
hypoglycemia *lower than normal levels of sugar in the blood*
hypokalemia *lower than normal levels of potassium in the blood*
hypopnea *shallow breathing*
hypotension *lower than normal blood pressure*
hypothalamus *part of the brain below the thalamus; it regulates various autonomic activities*
hypothermia *lower than normal body temperature*
hypovolemia *lower than normal blood volume*
hypoxia *lower than normal levels of oxygen*

I

ileum *the distal portion of the small intestine, extending from the jejunum to the cecum*
ileus *partial or complete blockage of the intestines because peristalsis has stopped*
ilium *also called the iliac bone, it's the uppermost of the three bones that make up the innominate (hip) bone*

immobilize *to make incapable of being moved, as with a splint or cast*

immunology *the study of the immune system*

implied *type of consent that is recognized, even if actual verbal or written consent is not explicitly given (example: care is rendered to a minor even though the parents are unavailable to give consent--that they would request care for their child is understood)*

impression *a feeling about a scene and/or patient experienced by the health care providers*

incision *a cut made in tissue by a very sharp cutting instrument*

indigestion *a general term referring to digestive discomfort, such as nausea, heartburn, bloating and gas; also known as dyspepsia*

inertia *the tendency of an object to resist a change in motion; the Law of Inertia states that a body in motion will remain in motion, and a body at rest will remain at rest until an outside force acts on it*

infarction *a localized area of necrotic tissue caused by a blockage in the blood supply to that area (example: a myocardial infarction due to a blood clot in a coronary artery)*

inferior *toward the feet*

influenza *infectious respiratory disease caused by strains of influenza virus*

informed *type of consent given by a patient for a medical procedure after the benefits and risks have been explained*

injury *a wound, trauma, or other harm caused by any of a variety of causes*

inspect *to visually examine*

instability *a lack of steadiness or strength*

insulin *a hormone secreted by the islets of Langerhans in the pancreas, it is necessary for the regulation of blood glucose levels*

integumentary *pertaining to the skin*

intercalated discs *a double membrane between adjacent cells in cardiac fibers; they allow more rapid conduction of electrical impulses through the cardiac fibers, synchronizing the contraction of cardiac tissue*

interdependent *parts and/or organisms unable to function or exist without each other*

interneurons *located in the central nervous system, these multipolar neurons connect afferent and efferent neurons to each other*

interview *a conversation between two people with the intent of one person (interviewer) being to gather information from the other (interviewee)*

ionic bond *a type of chemical bound resulting from the attraction between two oppositely charged ions*

irregular *not occurring at uniform intervals*

ischemia *inadequate blood supply to an area of the body*

ischium *forms the lower, posterior portion of the pelvis*

islet of Langerhans *region of the pancreas that contains its hormone producing cells (the pleural is islets of Langerhans); discovered by German anatomist Paul Langerhans in 1869, the constitute approximately 2% of the pancreas*

J

jejunum *the middle section of the small intestine, preceded by the duodenum, and followed by the ileum*

joint *the point where two bones articulate with each other; most allow motion of the bones*

junctional *pertaining to a junction; refers to a cardiac rhythm that originates from the AV junction*

juvenile-onset *an older term for type 1 diabetes*

K

keloid *fibrous scar tissue due to excessive tissue repair following a traumatic injury*

keratinized *tissue that has been converted into keratin, a tough insoluble protein that makes up hair and nails*

ketoacidosis *abnormal condition occurring in diabetes mellitus as a result of high levels of ketones in the blood*

ketones *acidic chemical compound produced by the body when fat is burned for energy rather than glucose*

kidney *body organ that excretes the waste products of metabolism in the form of urine; also responsible for regulating fluid and electrolyte balance in the blood, and plays a role in maintaining adequate blood pressure as well*

kinetic *form of energy; it is the energy of motion (an object in motion has kinetic energy)*

knives *plural of knife, which is a sharp tool used for cutting and/or stabbing*

L

laceration *a jagged=edged open wound*

laryngitis *inflammation of the larynx*

last oral intake *the last food or drink consumed by a patient*

lateral *away from midline, either right or left*

legs *the lower limbs*

lesions *a pathological change in tissue, such as a skin lesion*

leukocyte *white blood cell*

licensure *granting permission to an individual by a government agency to participate in an activity; examples include a driver's or nursing license*

Lidocaine *a medication used as a local anesthetic that can be applied topically or injected into the area of tissue to be numbed; also used as a cardiac antidysrhythmic injected intravenously (IV) as a bolus or a drip*

ligament *fibrous band of tissue that connects bone to bone; supports and strengthens joints*

line *a thin, continuous mark; may be real (like the lines in the fingertips that make up fingerprints), or imaginary (like the body's midline)*

lipids *organic compounds that are an important component of cell membranes; they are also stored in the body as a reserve energy source*

liver *solid organ found in the right upper quadrant of the abdomen, it is the largest gland in the body; it plays a major role in digestion, detoxification, metabolism, and elimination of substances from the body; it produces bile, filters blood, stores glycogen, and performs a wide variety of other functions*

lobes *a part of an organ, usually bordered by fissures or connective tissue; examples can be found in the brain, liver, and lungs*

long *extended; protracted; drawn out; a prolonged interval*

lung cancer *the growth of malignant tumors within the lung tissue; caused by smoking as well as a wide variety of other causes*

lupus *a chronic autoimmune disorder that can effect a variety of organ systems, including the skin and joints*

lymphatic *pertaining to the lymph, a transparent fluid collected from tissues throughout the body and returned to the vascular system through a network of vessels and nodes; its chief cellular component is lymphocytes*

lymphocyte *a nearly colorless leukocyte that plays a significant role in the development of immunity; there are two specific types: B cells and T cells; they are formed in lymph nodes, the spleen, tonsils, and the thymus gland; constitute approximately 1/4 of all white blood cells*

lysosomes *a cellular organelle containing digestive enzymes; they also play a role in cellular death*

liter *metric unit of volume measurement; 1 liter (L) = 1000 milliliters (mL)*

limbic system *the part of the brain (including the hippocampus, thalamus, and hypothalamus) dealing with smell, emotion, behavior, and certain autonomic functions*

lumen *the internal canal of a tube-shaped organ, such as the bowel or blood vessels*

lactic acid *a compound formed by the anaerobic metabolism of glucose*

M

macule *a flat discolored area on the skin, like a freckle*

magnesium sulfate *a compound used as an anticonvulsant, a local anti-inflammatory, a laxative, and to correct a magnesium deficiency in the blood; it is also the active ingredient in Epsom salts*

malfeasance *intentionally doing something harmful to another*

mandible *the lower jaw bone*

manubrium *the superior portion of the sternum; it articulates with the clavicles and first two sets of ribs*

marrow *the soft, organic material that fills the cavities of bones; there is red bone marrow, which produces erythrocytes, and yellow bone marrow, which is made up mostly of fat cells*

mass *the measurement of an objects inertia; how much matter an object has*

mastication *chewing*

maxilla *the bone of the upper jaw*

mean *the average*

mechanism *the process by which something is done; for example, mechanism of injury refers to the process by which the injury occurred*

medial *toward the midline*

medications *a drug or other substance used for the treatment of an injury or disease*

medulla oblongata *part of the brainstem between the pons and the spinal cord*

membrane *a thin layer of tissue covering a surface, lining a cavity, or dividing a space*

meninges *the protective layers that cover the brain and spinal cord, consisting of the dura mater, arachnoid membrane, and pia mater*

merocrine *type of gland that secretes a product, and the secretory cells remain intact; examples include the salivary glands and the pancreas*

mesothelioma *a type of cancer resulting from exposure to asbestos; malignancies occur within the lining of the chest, abdomen, and heart*

metabolism *the collection of chemical reactions within the body necessary to maintain life*

metacarpals *the bones of the hand*

metaphysis *the area of bone growth between the diaphysis and epiphysis*

metatarsals *the bones of the foot between the ankle and toes*

Metoprolol *a cardioselective beta-blocker (affects beta-1 receptors more than beta-2 receptors) often used to treat hypertension, angina pectoris, and myocardial infarction*

microvilli *extremely small, hairlike projections from the membrane of some cells; they increase the membrane's surface area, which aids in secretion and/or absorption*

midline *imaginary line extending down through the center of the body, dividing it symmetrically into right and left sides*

minerals *numerous inorganic nutrients, such as sodium, calcium, magnesium, copper, etc.*

misfeasance *harm caused by doing something improperly*

mitochondria *rod-shaped organelle in a cell's cytoplasm responsible for the production of energy via ATP synthesis*

molecules *two or more atoms bound together to form a specific chemical substance; for example, two hydrogen atoms and one oxygen atom are covalently bound together to form a water molecule*

monocyte *a phagocytic leukocyte; the number of monocytes increases in a variety of illnesses, including severe infections*

morals *issues involving right and wrong (morals usually refers to the principles of individuals, while ethics deals with a profession)*

Morphine *a narcotic analgesic produced from opium*

motor *a muscle or nerve that produces motion*

mouth *the anterior opening of the alimentary canal, containing the teeth and tongue*

movement *a change in position*

mucous *pertaining to mucus, its production, storage or secretion*

muscle *an organ that produces movement by contracting; it may be smooth (involuntary), striated (voluntary), or cardiac*

muscular *pertaining to muscle; may also refer to a person with very strong muscles*

myasthenia gravis *an autoimmune disease affecting the neuromuscular junction, preventing communication between the nerves and muscles, which results in muscular weakness*

myelin sheath *the cover surrounding many nerves, facilitating nerve impulse transmission; develops as a child matures, and requires adequate fat in their diet to develop properly (note: multiple sclerosis destroys the myelin sheath)*

myocardial infarction *death of myocardium due to an interruption of blood flow to the myocardium*

myocardium *the thick middle layer of the heart wall composed of cardiac muscle*

N

nails *a horny, cutaneous plate on the dorsal side, distal end of the fingers and toes*

nasal *pertaining to the nose*

nausea *feeling the need to vomit; associated with a wide variety of medical conditions*

neck *the area of the body that connects the head to the trunk*

negligence *the commission of an act, or the omission of a duty, that causes harm to another; the action or inaction is compared to what a prudent person with the same training would have likely done in the same situation*

neonatology *the branch of pediatrics specializing in the care of newborns*

nerve fiber *the prolonged axon of a nerve cell, which conducts impulses away from the cell body*

nervous *the system that receives input from the environment, processes the information, and coordinates the responses to the stimulation; includes the peripheral nervous system, consisting of sensory and motor nerves, and the central nervous system, comprised of the brain and spinal cord; also is the seat of consciousness*

neural *pertaining to the nerves*

neuroglia *the supporting structures of nervous tissue*

neurology *the medical specialty dealing with the anatomy, physiology, pathology, and treatment of the nervous system*

neurons *nerve cells in the brain and spinal cord, connecting the nervous system to the rest of the body's tissues*

neutron *sub-atomic particle located in the nucleus of an atom, it has no electrical charge*

neutrophil *the primary leukocyte involved in inflammation; it is highly destructive to microorganisms*

Nitroglycerine *a potent vasodilator used to treat angina pectoris, hypertension, myocardial infarction and congestive heart failure*

nodule *an easily palpable small, solid mass*

nonfeasance *harm caused by not doing something that should have been done*

nose *facial structure in the center of the face specialized for smelling; also serves as a part of the respiratory system; structures within the nose help filter, warm, and humidify air that is inhaled*

nucleus *the central core of an object; it is the localized control center in most cells*

O

objective *information that can perceived by the care provider; for example, they cannot perceive nausea, but they can see vomiting, so nausea is a subjective finding, while vomiting is an objective finding*

oblique *a fracture at an angle other than 90-degrees to the length of the bone, which would be a transverse fracture*

obstetrics *the medical specialty dealing with pregnancy and childbirth*

occiput *the back of the head; the posterior bone of the skull (occipital bone); the posterior lobe of the brain (occipital lobe)*

onset *how an illness or injury began--did it come on suddenly (acute onset), or has it developed over a longer period of time*

open *a wound that has broken through the skin, whether from the outside, such as that caused by a knife or bullet, or from the inside, such as a broken bone (also known as a compound fracture)*

open-ended *type of question that allows more than a simple yes or no response*

opening *an aperture that allows passage into a space or organ, such as the pyloric opening, which allows passage of material from the stomach into the duodenum*

orbit *cavity in the skull that contains the eyeball; made up of several bones*

organelles *specialized structures in the cell; include mitochondria, vacuoles, lysosomes, and many others*

organism *a life form consisting of organs and organ systems working together to perform the various functions necessary to life*

organs *a body part, consisting of different types of tissue, that performs a specific function*

orthopedics *the medical specialty dealing with the prevention and correction of skeletal system disorders, including associated joints, ligaments and muscles; surgery is often the method employed to accomplish this*

osmosis *the movement of water through a membrane from an area of dilute solute to an area of concentrated solute*

osseous tissue *bone tissue*

ossification *the formation of bone; calcification of soft tissue into a bony substance*

osteoblasts *cells that create new bone tissue*

osteoclasts *cells that break down and remove bone tissue*

osteocytes *bone cells*

osteopenia *term used for a reduction in bone mass that is not as severe as osteoporosis*

ovary *the female gonad, which is the female reproductive organ that produces oocytes (ova) and certain female hormones, such as estrogen and*

overdose *administration of a medication in a dose greater than that recommended to achieve therapeutic levels, usually to a point that can be harmful--or even deadly--to the patient (may be intentional or accidental)*

ovum *singular for ova, the eggs released by the ovaries; the term oocyte is sometimes used as well*

oxygen *an odorless, colorless, tasteless gas comprising 21% of the gases in the atmosphere; it is also administered at higher percentages to treat a wide variety of illnesses and injuries*

P

pale *ashen; refers to the whiter than normal appearance of the skin and mucous membranes; occurs when the capillaries near the skin's surface are not adequately filled with blood*

palliation *to relieve or reduce the severity of something, such as pain*

palpate *to touch or feel*

pancreas *gland lying behind the stomach that secretes glucagon, insulin, and digestive enzymes*

pancreatic islet *also known as the islet of Langerhans (or islets of Langerhans), they contain a variety of cells that secrete hormones and enzymes which aid in digestion and the regulation of blood sugar levels; its alpha cells secrete glucagon, and its beta cells secrete insulin*

papillary *resembling a nipple; pertaining to papilla, such as that at the root of a hair on the skin; the papillary layer is the outermost dermal layer*

papule *a small, solid, raised area of the skin that is not filled with pus*

paracrine *endocrine secretions that act only on nearby cells*

parasympathetic *division of the autonomic nervous system that, among other things, will increase peristalsis, and decrease heart rate when stimulated; nicknamed the "feed or breed" system*

parietal *1. related to the parietal bone of the skull, or parietal lobe of the brain, which lies just under either of the parietal bones; 2. the outer lining of a cavity or organ (as opposed to the visceral lining, which covers the organ*

past medical history *list of a patient's previously diagnosed illnesses and/or injuries*

patch *a macule that is more than 3-4 cm in diameter*

patella *medical term for the kneecap*

pathology *branch of medicine dealing with disease, including the changes in cells and tissues that cause disease, and/or result from disease*

pedal *referring to the feet*

pediatrics *the branch of medicine related to the care of infants and children, childhood development, and the treatment of childhood diseases*

pelvis *the bony girdle that attaches the lower extremities to the axial skeleton*

penetrating *type of injury in which the skin and possibly underlying tissues have been punctured by an object such as a bullet or knife*

penetrations *injuries that result from penetrating trauma; also referred to as punctures or piercings*

perforating canals *openings in the bone through which blood vessels pass; also called Volkmann's canals, after Alfred Volkmann, a German physiologist*

pericardium *the tough, thin sac that surrounds the heart; it has two layers, the visceral layer, also called the epicardium, and parietal layer*

periosteum *the thick, fibrous membrane that covers the bones (except at their extremities)*

peristalsis *the wave-like contractions of the digestive tract that moves food through it*

permeability *the characteristic of a membrane or surface that allows substances to flow through it*

pertinent *relevant to the current situation*

petechiae *numerous, purplish spots appearing on the skin due to capillary hemorrhages; caused by a variety of diseases*

phagocytosis *"cell eating"; the process by which one cell (phagocytes) engulfs and ingests other microorganisms and cellular debris*

phalanges *fingers and toes; the plural of phalanx, which is any bone of the fingers or toes*

phospholipid bilayer *a dual layer of phospholipid molecules, the basic structural unit of all biological membranes*

physiology *the study of the function of organisms and their parts*

pia mater *the innermost lining of the meninges; means "tender mother"*

pigmentation *coloration of tissues by pigment, an organic coloring material produced by the body*

pineal *means "pine cone-shaped"; it is a small, cone-shaped endocrine gland in the brain that secretes melatonin*

pinocytosis *"cell-drinking"; the process by which cells ingest extracellular fluid*

pituitary *small, oval endocrine gland at the base of the brain; its secretions control the other endocrine glands, and influences growth, maturation, and*

pivot *a joint in which one bone turns within a bony ring; the only one in the body is between the first two cervical vertebrae, atlas and axis*

plaque *a superficial, elevated, solid skin lesion; a scaly patch on the skin caused by psoriasis*

plasma *the fluid portion of the blood in which all of the solid blood components (erythrocytes, leukocytes and thrombocytes) are suspended*

pleural effusion *the collection of fluid in the pleural space; signs & symptoms include cough, dyspnea, and chest pain*

pleurisy *inflammation of the pleura, the membrane surrounding the lungs*

pneumonia *infection of the lung; can be caused by bacteria, viruses, fungi or parasites*

pneumothorax *air in the chest cavity; may be an open, simple, or tension pneumothorax*

podiatry *branch of medicine dealing with the anatomy and pathology of the feet*

poison *any substance that is a danger to a person's health or life; may be ingested, injected, inhaled or absorbed*

polydipsia *frequent thirst*

polyphagia *frequent hunger*

polyuria *frequent urination*

posterior *the back, or toward the back*

potential *latent; available to put into use*

preload *the amount of blood that fills the heart while it's at rest (during diastole)*

prescriptions *a physician's written order for a medication, including the patient's name, the type of medication, its dose and route, and how often it is to be administered (note: some states allow a physician's assistant or nurse practitioner to write prescriptions as well)*

pressure *force applied over an area*

primary *the first event; that which occurs earliest in a sequence*

process *a bony prominence or projection; a step-by-step procedure toward an end-result*

professionalism *when an individual upholds the principles and ethics of his/her profession*

pronation *assumption of the prone position; rotating the forearm so the palm of the hand faces backward, or downward; turning the foot outward*

prone *lying face down*

protection *prevention of injury*

proteins *macromolecules essential to life that consist of amino acids*

proton *positively charged subatomic particle located within the nucleus of an atom*

provocation *to make something worse; for example, when moving an extremity makes the pain in that extremity worse*

proximal *a point located toward the midline as compared to another point; for example, the elbow is proximal to the wrist*

proximate cause *an action or event that directly produces an effect; such as an incorrect medication dose causing the death of a patient*

psychology *the science and study of the mind, mental processes, and human behavior*

pubis *the anterior portion of the pelvis in the lower, anterior region of the abdomen*

pulmonary edema *swelling of the lung tissue due to the build-up of fluid in the extravascular spaces in the lungs; characterized by rales & ronchi, pink, frothy sputum, and difficulty breathing; often caused by failure of the left ventricle to pump blood adequately*

pulmonary embolus *a blood clot in the vasculature of the lungs*

pulmonology *the medical specialty dealing with the anatomy, physiology, and pathology of the respiratory system*

pulse *the palpable, rhythmic expansion of an artery as blood flows through it during systole (contraction of the heart)*

punctures *open wounds made when sharp objects pierce the skin and underlying tissues*

purpura *purplish patches caused by hemorrhages in the skin and mucous membranes*

pustule *a small, inflamed area of skin filled with pus, like a pimple*

pylorus *the opening in the distal portion of the stomach that opens into the duodenum*

Q

quadrants *the division of the abdominal region into four areas to facilitate assessment and description of findings; they are called the upper right and left, and lower right and left*

quality *a description of an items characteristics, such as the quality of chest pain being sharp, dull, burning, etc.*

R

radial *pertaining to the radius, one of the bones of the forearm; and example is the radial artery, or the radial pulse*

radiation *moving out/away from a location, as in chest pain that radiates into the neck*

radius *the bone in the forearm located on the thumb-side of the arm*

rales *type of adventitious breath sounds, also referred to as crackles, a discontinuous sound produced by air flowing over airway secretions*

ramus *a branch*

rate *how rapidly something occurs, such as the pulse rate indicating how fast the heart is beating*

reaction *1. response to a stimulus; 2.a chemical process that begins with one set of substances, and produces another set of substances; can be classified in a variety of ways, such as anabolic or catabolic, aerobic or anaerobic, exothermic or endothermic*

rectum *the final portion of the large intestine, from the sigmoid colon to the anus*

regeneration *the repair and/or replacement of injured cells and/or tissues*

regulation *directing changes to bodily systems in order to adapt to changes in the environment, such as temperature or fluid regulation*

remodeling *reorganization of a structure, such as bone remodeling in response to changes in body composition*

repair *fixing; the restoration of damaged tissue to a healthy condition through the growth of new cells*

reproduction *the act of procreation; creating offspring*

reproductive *the body system containing the organs of procreation, such as the ovaries, uterus, testes, etc.*

respirations *also called ventilations; sometimes used to denote the rate of breathing; it is the exchange of gases between the body and atmosphere, especially oxygen and carbon dioxide*

respiratory *the body system that allows the movement of air into the alveolar sacs, where the exchange of gases between the atmosphere and those in the blood occur*

responsiveness *the ability to respond to stimulus; often categorized by the type of stimulation required to achieve a response: alert, verbal, painful, or none (the AVPU scale); the glasgow coma score is a more in depth assessment of responsiveness*

reticular *resembling a net; having a net-like appearance*

rheumatology *medical specialty dealing with rheumatic disorders, which affect connective tissue structures--especially of the joints; these disorders include inflammation, degeneration and metabolic abnormalities, and are characterized by pain, discomfort, and stiffness*

rhythm *the recurrence of an event at regular intervals*

ribosomes *a small, round particle found in cytoplasm; it is composed of protein and ribonucleic acid (RNA), and is the site of protein synthesis*

ribs *the long, curved bones that encompass the thoracic cavity; there are 12 pairs of ribs in the human body; all of the ribs are attached to the vertebrae, and extend around the thoracic cavity toward the sternum, forming the rib cage*

rifle *a firearm with a long, rifled bore that spins the projectile to give it stability, fires a high-velocity projectile*

ronchi *low-pitched, snoring breath sounds caused by narrowing air passages and airway secretions*

rotation *the movement of an object around its center or axis*

S

saddle *type of joint with two saddle-shaped bone surfaces at right angles to each other*

saliva *secretion of the salivary glands that contains enzymes used in the digestive process; it lubricates food, and moistens the mouth*

salts *chemical compounds formed when an acid and a base react; usually composed of a metal cation and a nonmetal anion*

scale *a type of skin lesion; a thin flake of keratinized epithelium*

scalp *the skin that covers the cranium*

scapula *the flat, triangular-shaped bone that forms the posterior portion of the shoulder; also called the shoulder blade*

scene safety *ensuring there is no danger from harm to the care providers, patients, or bystanders while providing care*

sebaceous gland *gland in the skin that produces sebum*

sebum *oily substance secreted by the sebaceous; consists of fat, keratin and other cellular material, helps keep the skin moist*

secondary *second in order of time, but not necessarily less important; for example, a secondary injury may be more severe than the primary one*

secretion *substance produced and/or released from a cell, such as saliva, sweat, or any of a number of hormones*

sensation *perception of the environment through the various sensory organs*

sensory *pertaining to sensation, such as the sensory organs (eyes, ears, nose, etc.)*

serous *pertaining to serum, such as serous fluid, which contains serum*

severity *how bad something is; the extent of an injury*

shallow *not deep; superficial*

short *not long or tall*

shotgun *a short-range, smoothbore firearm that expels a load of pellets or a single slug*

shoulders *the joints where the upper extremities join with the torso*

sigmoid *S-shaped; portion of the colon between the descending colon and the rectum*

signs *objective evidence of a problem or disease; can be perceived by someone other than the patient*

simple *not complex; composed of a minimal number of parts*

sinus *a cavity or channel, as in the bones of the face, or the dural sinuses, which are large venous channels that drain the cerebral veins*

sinusitis *inflammation of the sinuses, especially those in the bones of the face*

skeletal *referring to the skeleton, the hard framework of the body made up of bones and cartilage*

skin *the outer covering of the body, consisting of the dermis and epidermis; it protects, regulates fluids and temperature, and contains numerous sensory nerves that allow people to perceive their environment*

smell *the sense that perceives odors*

sodium bicarbonate *commonly referred to as baking soda, it can be used to treat heartburn, and in solution it is given intravenously to reduce blood acidity*

soma *the body, such as the body of a cell; the axial part of the body, including the head, neck and trunk*

sphenoid *wedge-shaped bone in the middle of the skull*

spiral *type of fracture in which the bone has been twisted apart along its axis*

splint *a rigid device used to immobilize a body part that has been broken or otherwise injured*

spongy *also called cancellous bone, it is lighter and weaker than compact bone, but much more vascular; it is found at the end of long bones and in vertebrae*

sputum *material from the trachea, bronchi, and/or lungs expelled through the mouth*

squamous *a flat, scale-like type of epithelial cell, which cover the body's surfaces and line its cavities*

stability *not able to be easily moved*

stem cells *"parent" cells from which other cells are made*

sternum *the breastbone*

steroids *type of hormones with a similar chemical structure, mainly produced in the adrenal cortex and gonads*

stippling *spotted condition or appearance, such as what occurs when gunpowder is injected under the skin from a gunshot wound at close range*

stomach *organ of digestion lying between the esophagus and small intestine*

stratum *one of several parallel layers of tissue forming an anatomical structure*

strength *the ability to apply or withstand a force*

stroke volume *the amount of blood pumped by the heart with each beat*

subcutaneous *beneath the skin; hypodermis*

subjective *as perceived by an individual and not by another person*

substernal *underneath the sternum*

Succinylcholine *a depolarizing neuromuscular blocking agent (paralytic) commonly used in rapid sequence intubation; it's rapid acting and of short duration*

sudden *rapid onset of an event*

sudoriferous *carrying or producing sweat; such as a sudoriferous, or sweat, gland*

sulcus *a groove or depression, especially in the surface of the brain*

superior *toward the head*

supination *turning the palm of the hand upward*

supine *lying flat on the back, face up*

survey *examination of an area, such as the scene of an accident*

sutures *1. the junctions between the bones of the cranium; 2. series of stitches to bring the edges of a wound together*

swelling *transient abnormal enlargement of a body part; an indication of acute inflammation*

sympathetic *division of the autonomic nervous system that responds to stress; results in several temporary changes, including increased heart rate, vasoconstriction, and bronchodilation*

symptoms *subjective indications of a medical condition, such as nausea, pain, and dizziness*

synapse *the junction between the axon of a neuron and another neuron, a muscle or a gland*

synovial *pertaining to synovia, the lubricating fluid of joints and bursae*

synthesis *to create a more complex substance from simpler ones*

system *a group of connected, interdependent parts that work together for a common purpose*

systolic *refers to the contraction of the heart; example: the systolic blood pressure is the arterial pressure when the heart contracts*

T

tachycardia *faster than normal heart rate; for adults, a rate greater than 100 is considered tachycardic*

tachypnea *faster than normal breathing*

tamponade *compression of a body part, often due to a localized accumulation of blood; example: pericardial tamponade occurs when blood fills the pericardial sac, compressing the heart*

tattooing *skin wounds filled with debris; a close-range gunshot wound (GSW) may cause tattooing due to gunpowder being embedded under the skin around the entrance wound*

teeth *pleural form of tooth, a hard, calcified structure set in the upper and lower jaws used for biting and masticating (chewing) food*

temperature *a measure of the average kinetic energy of the particles making up a substance; expression of how hot an object is based on a specific scale, such as the Fahrenheit or Celsius temperature scales*

temporal *pertaining to the temple of the skull, and/or the portion of the brain in that region*

tenderness *unusual sensitivity to touch; discomfort caused by palpation*

tendons *fibrous connective tissue that attaches muscle to bone*

tension pneumothorax *condition of being stretched or strained*

air in the chest cavity; can be classified as an open, simple, or tension pneumothorax

testicle *male gonad; located in the scrotum; produces spermatozoa and testosterone*

thrombocyte *platelet*

thymus *organ in the lower part of the neck and superior mediastinum that produces T cells, or T lymphocytes, a type of white blood cell; it is largest during puberty, and then declines in size and function in adulthood*

thyroid *gland in the neck that regulates the rate of metabolic processes by secreting thyroxin*

tibia *the larger of the two bones of the lower leg; commonly referred to as the shin bone*

time *measure of duration; how events relate to each other in order of occurrence*

tissue *a collection of specialized cells that work together to form a certain function*

tongue *muscular organ in the mouth used for speech, taste, swallowing, and aids in mastication*

tonsillitis *inflammation of the tonsils*

touch *palpation; one of the five senses by which external objects are perceived by physical contact with the body*

trachea *the windpipe, descending from the larynx and branching into the right and left mainstem bronchi*

traction *application of a "pulling force" to treat and/or immobilize a musculoskeletal injury, such as a femur fracture*

transfer *to pass from one person to another, as when an EMT transfers patient care to the emergency department staff*

transport *to carry someone or something from one place to another, as when EMTs transport a patient to the hospital by ambulance*

transportation *the means by which transport occurs, such as an ambulance*

transverse *a bone fracture at a right angle to the axis of a long bone*

trauma *injury resulting from the transfer of an intolerable amount of energy to the human body*

treatment *medical care provided to a patient*

triage *means "to sort"; process of sorting the injured during multiple casualty incidents*

trochanter *bony process of the proximal part of the femur to which muscles are attached*

trochlea *an anatomical part that looks like a pulley, like the distal end of the humerus*

tubercle *1. a small, rounded projection on the bone; 2. a cluster of inflamed cells that form in the lungs in tuberculosis*

tuberculosis *infectious disease caused by the tubercle bacillus that most frequently affects the lungs; it is characterized by fever, chest pain, weight loss, and coughing up of mucus and sputum*

tuberosity *a projection at the end of a bone where a muscle or tendon attaches*

tumor *1. a swollen part; 2. an abnormal growth of tissue with no physiological purpose; caused by an uncontrolled multiplication of cells*
tunica adventitia *the outer layer of tissue in a blood vessel*
tunica intima *the inner layer of tissue in a blood vessel*
tunica media *the middle layer of tissue in a blood vessel*

U

ulcer *a lesion of the skin or mucous membrane, such as a peptic ulcer in the lining of the stomach*
ulna *one of the bones of the forearm, extending from the elbow to the wrist; it is located on the side of the arm opposite the thumb*
urinary *pertaining to the system of organs that produce and excrete urine*
urology *medical specialty that focuses on the study, diagnosis and treatment of the urinary system, and the genital organs of males*

V

vacuoles *a cavity in a cells protoplasm that contains water, food, or waste products*
Valium *the tradename of diazepam, a benzodiazepine commonly used as a sedative*
vascular *related to the blood vessels*
vascular resistance *the resistance of blood flow through the blood vessels; it increases when the vessels constrict, and decreases with dilation*
Vasopressin *antidiuretic hormone (ADH); it is used as a potent vasoconstrictor during cardiac arrest*
Vecuronium *a non-depolarizing neuromuscular blocking agent (paralytic); it is one of the medications often used during rapid sequence intubation*
vein *blood vessels that return blood from the body to the heart*
velocity *an object's speed and direction of travel*
vena cava *the major vein that empties directly into the right atrium of the heart*
ventilations *another term for respirations; commonly used when artificial respirations are being provided*
ventral *pertaining to the abdomen, or near the abdomen*
ventricles *a cavity or chamber in a body part, such as the two lower chambers of the heart, or the cavities in the brain that store cerebrospinal fluid (CSF)*
ventricular *referring to the ventricles, usually of the heart*
Versed *the trade name for a central nervous system (CNS) depressant commonly used as a sedative; it's a benzodiazepine, and its generic name is midazolam*
vertebrae *pleural for the bones of the spinal column*
vesicles *a small fluid-filled cyst, or blister, formed in or beneath the skin*
vomiting *the forcible emptying of stomach contents through the mouth; also referred to as emesis*

W

wheal *a small swollen area on the skin that itches or burns, like an insect bite; also called a "welt"*
wheezes *a whistling sound in the lungs caused by narrowed air passages*
work *force applied over a distance; the work done on an object is the result of energy transferred to that object*

X Y Z

xiphoid *sword-shaped; the xiphoid process is a sword-shaped piece of bone and cartilage connected to the inferior portion of the sternum*
x-ray *a powerful form of electromagnetic radiation able to penetrate most objects; commonly used for medical imaging*
yellow marrow *found in the center of long bones; its primary function is the storage of fat*
zygomatic *refers to the zygomatic bone, which forms the lateral part of the orbit, and the hard part of the cheek*

www.ingramcontent.com/pod-product-compliance
Ingram Content Group UK Ltd.
Pitfield, Milton Keynes, MK11 3LW, UK
UKHW051137260726
13967UKWH00010B/3097

9 781257 119424